民國文存

95

古籍舉要

錢基博 著

知識產權出版社

本書係錢基博指導其從子研讀清人陳澧《東塾讀書記》時之所感所發，其體例亦與陳氏之書相呼應。全書共十七卷，以《孝經》《論語》《詩》《書》《禮》《易》等十三經為主要講讀內容，兼及諸子、漢學、鄭學及朱子之學。其用心在於，正名辨物，抉六經之微旨；以經詁經，考漢學、宋學之通變；旁涉眾家，權清學今文、古文之得失。至於其目次之編排、論學之宗旨，亦自與陳氏之書互爲經緯、並行不廢，故合觀可也。

責任編輯：徐　浩　　責任校對：谷　洋
封面設計：正典設計　責任出版：劉譯文

圖書在版編目（CIP）數據

古籍舉要/錢基博著．—北京：知識產權出版社，2016.3
（民國文存）
ISBN 978-7-5130-4026-6
Ⅰ.①古…　Ⅱ.①錢…　Ⅲ.①經籍—研究—中國—民國　Ⅳ.①Z126.276
中國版本圖書館 CIP 數據核字（2016）第 017837 號

古籍舉要
Guji Juyao
錢基博　著

出版發行：知識產權出版社 有限責任公司		
社　　址：北京市海淀區馬甸南村 1 號	郵　　編：100088
網　　址：http://www.ipph.cn	郵　　箱：bjb@cnipr.com
發行電話：010-82000860 轉 8101/8102	傳　　真：010-82005070/82000893
責編電話：010-82000860 轉 8343	責編郵箱：xuhao@cnipr.com
印　　刷：保定市中畫美凱印刷有限公司	經　　銷：新華書店及相關銷售網站
開　　本：720mm×960mm　1/16	印　　張：10.75
版　　次：2016 年 3 月第一版	印　　次：2016 年 3 月第一次印刷
字　　數：130 千字	定　　價：43.00 元
ISBN 978-7-5130-4026-6	

出版權專有　侵權必究
如有印裝質量問題，本社負責調換。

民國文存

（第一輯）

編輯委員會

文學組

組長：劉躍進

成員：尚學鋒　李真瑜　蔣　方　劉　勇　譚桂林　李小龍
　　　鄧如冰　金立江　許　江

歷史組

組長：王子今

成員：王育成　秦永洲　張　弘　李雲泉　李場帆　姜守誠
　　　吳　密　蔣清宏

哲學組

組長：周文彰

成員：胡　軍　胡偉希　彭高翔　干春松　楊寶玉

出版前言

　　民國時期，社會動亂不息，內憂外患交加，但中國的學術界卻大放異彩，文人學者輩出，名著佳作迭現。在炮火連天的歲月，深受中國傳統文化浸潤的知識分子，承當著西方文化的衝擊，內心洋溢著對古今中外文化的熱愛，他們窮其一生，潛心研究，著書立說。歲月的流逝、現實的苦樂、深刻的思考、智慧的光芒均流淌於他們的字裡行間，也呈現於那些細緻翔實的圖表中，在書籍紛呈的今天，再次翻開他們的作品，我們仍能清晰地體悟到當年那些知識分子發自內心的真誠，蘊藏著對國家的憂慮，對知識的熱愛，對真理的追求，對人生幸福的嚮往。這些著作，可謂是中華歷史文化長河中的珍寶。

　　民國圖書，有不少在新中國成立前就經過了多次再版，備受時人稱道。許多觀點在近一百年後的今天，仍可說是真知灼見。眾作者在經、史、子、集諸方面的建樹成為中國學術研究的重要里程碑。蔡元培、章太炎、陳柱、呂思勉、錢基博等人的學術研究今天仍為學者們津津樂道；魯迅、周作人、沈從文、丁玲、梁遇春、李健吾等人的文學創作以及傅抱石、豐子愷、徐悲鴻、陳從周等人的藝術創想，無一不是首屈一指的大家名作。然而這些凝結著汗水與心血的作品，有的已經罹於戰火，有的僅存數本，成為圖書館裡備受愛護的珍本，或成為古玩市場裡待價而沽的商品，讀者很少有隨手翻閱的機會。

鑑此，為整理保存中華民族文化瑰寶，本社從民國書海裡，精心挑出了一批集學術性與可讀性於一體的作品予以整理出版，以饗讀者。這些書，包括政治、經濟、法律、教育、文學、史學、哲學、藝術、科普、傳記十類，綜之為"民國文存"。每一類，首選大家名作，尤其是對一些自新中國成立以后沒有再版的名家著作投入了大量精力進行整理。在版式方面有所權衡，基本採用化豎為橫、保持繁體的形式，標點符號則用現行規範予以替換，一者考慮了民國繁體文字可以呈現當時的語言文字風貌，二者顧及今人從左至右的閱讀習慣，以方便讀者翻閱，使這些書能真正走入大眾。然而，由於所選書籍品種較多，涉及的學科頗為廣泛，限於編者的力量，不免有所脫誤遺漏及不妥當之處，望讀者予以指正。

目　　次

序 ·· 1

卷一　孝經四條 ·· 5
　孝經為道之根源、六藝之總會　孝經文體　孝經徵文　阮福孝經義疏補

卷二　論語十條 ·· 8
　陳澧東塾讀書記論論語之旨　學者覺到自己做箇人　論語二十篇之起訖　君子與仁　以論語解論語　仁義道德非禮不成　讓與禮有別　何謂分　朱熹論語集注　朱熹與王弼

卷三　孟子十三條 ·· 14
　孟子性善之界說　孟子道性善尤重擴充　孟子與佛　孟子與莊子　孟子與三民主義一　孟子與三民主義二　孟子與荀子　孟子之神權民本主義　孟子與勞農主義之許行　孟子七篇之起訖　孔孟治學之法　孟子與論語　孟子文體

卷四　周易九條 ·· 19
　陳澧東塾讀書記論易之旨　漢易一　漢易二　漢易三　唐易　宋易　清易一　清易二　易學之旁衍

i

卷五　尚書九條 …………………………………………… 28

　　古文尚書孔安國傳　禹貢一　禹貢二　禹貢三　洪範一　洪範二
　　尚書家之流別一　尚書家之流別二　尚書與殷虛甲骨

卷六　詩四條 ……………………………………………… 33

　　詩序　說詩者不出宗序、攻序二派　詩學之流變　詩之名物訓詁

卷七　周禮七條 …………………………………………… 38

　　周官非劉歆僞作　方苞周官辨　鄭玄注例一　鄭玄注例二
　　孫詒讓周禮正義與莊存與周官記　周禮家之流別　康有爲與方苞

卷八　儀禮五條 …………………………………………… 45

　　儀禮之讀法　鄭玄注之發問送難者　褚寅亮儀禮管見　胡培翬
　　儀禮正義　萬斯大與方苞爲康有爲之所自出

卷九　禮記三條 …………………………………………… 48

　　禮記四十九篇有記禮有記言　禮記出於荀卿　禮記篇目之分類

卷十　春秋・上十條 ……………………………………… 54

　　春秋三傳之不同　例　兼采三傳　劉敞春秋傳　焦循與章炳麟
　　朱一新論公羊改制　淩曙以公羊言禮而開湘學蜀學　康有爲與
　　廖平　左繡春秋外傳　廖平五經異義

卷十一　春秋・下二十條 ………………………………… 65

　　太史公紀傳本於春秋　二十四史之體例增損　史筆有二　史記與
　　漢書　史記與三國志　四史文章　晉書與晉略　梁書　魏書與
　　西魏書　新唐書與五代史附南唐書　金史　明史與明史稿
　　二十四史補志十四家補表七家　趙翼廿二史劄記遠勝錢大昕廿一史
　　考異、王鳴盛十七史商榷兩書　資治通鑑與文獻通考　王應麟通鑑
　　地理通釋與顧祖禹讀史方輿紀要　史學家與史家　章學誠文史通義

現代史學之趨勢　竹書紀年

卷十二　小學五條 …………………………………………… 90
詁與訓有別　釋名與說文　說文不可以詁經　說文聲韻之研究條例　古音自宋儒發明

卷十三　諸子三十一條 …………………………………… 94
孔子之學派　荀子一　荀子二　子思非曾子弟子　荀子書中之孟子　辭賦家為古詩之流縱橫家之別科　管子入道家　老子　老子非神仙長生家　楊朱與老莊　墨子　楊朱與墨子　儒墨之辯　名墨之倍儒不同　陰陽家一　陰陽家二　陰陽家三　陰陽家四　陰陽家五　陰陽家六　陰陽家七　商君與韓非　名家一　名家二　名家三　名家四　名家五　名家六　縱橫家一　縱橫家二　文章流別不同於諸子流別

卷十四　西漢十二條 ……………………………………… 115
陳澧東塾讀書記之論漢儒　陸賈新語　賈誼新書　董子蕃露　司馬遷之史記　淮南子　鹽鐵論　劉向所序六十七篇　揚雄太玄經　揚雄　儒家與儒生　漢儒之理學

卷十五　鄭學三條 ………………………………………… 128
鄭玄喜通學　鄭玄之著書　鄭玄與許慎

卷十六　三國五條 ………………………………………… 130
王肅與鄭玄　孔子家語　何晏、王弼　王弼易注　魏學與漢學

卷十七　朱子六條 ………………………………………… 134
朱子與漢學　清初之倡漢學者不詆宋儒　方東樹漢學商兌　宋學之流變　宋學之派別　朱一新無邪堂答問

編後記 ……………………………………………………… 153

序

　　長夏無事，課從子鍾漢讀番禺陳澧蘭甫《東塾讀書記》，時有申論，隨記成冊。其中有相發者，有相難者，每卷得如干事，盡四十五日之力訖事。陳氏以東塾名其廬；而僕課子弟讀書之室，會在宅之東偏，遂以"後東塾"名吾室。而董理所記，都十七卷，署曰《後東塾讀書記》，而古籍之精要者粗舉；以與陳《記》，合之則互為經緯，而分之則各成篇章，庶幾並行不廢云。

　　陳氏何為而作《東塾讀書記》也？曰以捄敝也。曷言以捄敝也？清儒喜言東漢許、鄭之學，至嘉道之世，極熾而敝。於是專求古人名物、制度、訓詁、書數，以博為量，以闢隙攻難為功。其甚者欲盡舍程朱而宗漢之士，枝之獵而去其根，細之蒐而遺其鉅；物極必反，窮而思通，於是有西漢今文之學興。自武進莊存與方耕始治《公羊》，作《春秋正辭》，漸及羣經；其為學務明微言大義，不專章句訓詁之末。一門並承其緒，其外孫劉逢祿申受及長洲宋翔鳳于庭復從而張之；海內風動，號為常州學派。一衍而為湖南之王闓運壬秋，四川之廖平季平，以《公羊》言禮制。又一衍而為廣東之康有為長素、梁啓超任公，以《春秋》言經世。此一派也。其又一派，則兼綜漢宋，不為墨守，以為清學出朱子之道，問學以上闚許鄭；又謂漢儒亦明義理，力袪漢宋門戶之見。於是南海朱次琦子襄及陳澧開宗於粵，義烏朱一新鼎甫、定海黃以周玄同桴應於浙，前唱後

1

喁，蔚成學風。二者之為學不同，而要歸於捄漢學之碎則一。陳澧晚年著《東塾讀書記》二十五卷，其中卷十三《西漢》、卷十四《東漢》、卷十七《晉》、卷十八《南北朝隋》、卷十九《唐五代》、卷二十《宋》、卷二十二《遼金元》、卷二十三《明》、卷二十四《國朝》、卷二十五《通論》，凡十卷，則蒐採漢晉以後諸儒粹言至論，有目無書。獨卷十三《西漢》補刊別行。而世所流傳者，通行本十五卷，乃尋求羣經大義及其源流、正變、得失所在；遵鄭康成《六藝論》，以《孝經》為道之根原，六藝之總會，而冠於編；學《易》不信虞翻之說，學《禮》必求禮意；次考周秦諸子流派，抉其疵而取其醇；其次則表章鄭學朱子，駢稱並贊，以明溝通漢宋之旨。蓋隱比顧亭林之《日知錄》，然而有不同者。亭林之纂《日知錄》，旨在經世，而澧之為《讀書記》，婢崇講學。亭林言經學卽理學，將以實事求是，捄王學之空，而澧明漢學通宋學，欲以疏通致遠、砭清儒之碎。前有《自述》一篇，中稱"讀鄭氏諸經注，以為鄭學有宗主，復有不同；中正無弊，勝於許氏異義，何氏墨守之學。讀《後漢書》，以為學漢儒之學，尤當學漢儒之行。讀朱子書，以為國朝考據之學，源出《朱子》，不可反詆《朱子》。尤好讀《孟子》，以為《孟子》所謂性善者，人性皆有善，荀楊輩皆未知也。又著《漢儒通義》七卷，謂漢儒善言義理，無異於宋儒，宋儒輕蔑漢儒者非也。近儒尊漢儒而不講義理，亦非也。"可以覘生平宗尚之所在焉。

《無邪堂答問》五卷，義烏朱一新鼎甫撰。一新，光緒丙子恩科曹鴻勛榜下進士。累官陝西道監察御史，以疏劾內侍李蓮英，懿旨詰責，降官主事。兩廣總督張之洞延為肇慶府端溪書院山長，尋入廣州，為廣雅書院山長，為定院規，先讀書而後考藝，重實行而屏華士；仿古顓家之學，分經、史、理、文四者，延四分校主之。諸生人賦以日記册，質疑問難，以次答焉，成就甚衆；因輯録講論之詞，成《無邪堂答問》五卷。嘗謂進德莫先於居敬，修業莫先於窮理，窮理必兼學問、思辨。學問者，格致之事；思辨者，由致知以幾於誠正之博而反約。則居敬尤要。故院中生徒有聰穎尚新奇者，必導而返諸正大篤實。其論學術，謂"近世漢與宋分，文與學分，道與藝分。豈知聖門設教，但有本末先後之殊，初無文行與學術治術之别。"又以道咸以來，士大夫好講西漢《公羊》之學，流弊至於篾古荒經，因反覆論難以正其失。至論西學、耶教、新疆、鐵路、吉林邊防數十條，亦復洞中窾會。傍晚納涼庭中，與諸兒論次及之，以爲《答問》可配陳澧《東塾讀書記》。儻學者先讀陳《記》以端其嚮，繼之《答問》以博其趣，庶於學問有從入之途，不爲拘虚門户之見。兒子鍾書因言："《答問》與陳《記》同一，兼綜漢宋；若論識議閎通，文筆犀利，則陳《記》遠不如《答問》！"余告之曰："不然，陳君經生，樸實説理，學以淑身。朱生烈士，慷慨陳議，志在匡國。《答問》文筆議論，遠勝陳君，信如所論。然《答問》之體，適會多途，皆朱生當日應機作教，事無常準；《詩》《書》互錯綜，《經》《史》相紛紜，義既不定於一方，學故難求其條貫。又其言皆有爲而發，非於晚清學風史實爛熟心胸，未易曉其端緒；不如陳君《讀書記》之部居别白，牖啓塗轍，論議儘欠雄駿，開示彌徵平實。又賢聖應世，事跡多端，隨感而起，故爲教不一。陳君宿學，但見戴學末流之蒐瑣，故欲救之以通；而於《公羊》有發揮，亡貶絶。朱生晚出，及見康氏今文之狂詭，更欲諷之於正，而於《公羊》多駁難，少讚揚。此其較也。"鍾書因言："見朱生《佩弦齋》文，中有與康長素《論學》《論書》諸書，皆極鋭發。"又謂："朱生自

3

詒'人稱其經學，而不知吾史學遠勝於經。'"大抵朱生持宋學以正漢學，蓋陳君之所同趣；而治經學以得史意，則陳君之所未到。又其較也。閉戶講學而有子弟能相送難，此亦吾生一樂。唯連日身體又劇不適，殊為美中不足耳。

時在中華人民造國之十九年八月，無錫錢基博記。

卷一　孝　經

六經所明，不外人道。仁之為言人也。《易》為六經之冠，而易道乾元，君子以自彊不息，體仁以長人也。孔孟為儒家之魁桀。而《論語》首"學而時習"章，繼之以有子說"孝弟為仁之本"，又次之以子曰"巧言令色，鮮矣仁"。明乎仁則為善學，不仁則不得為善學。學者，學此者也；時習者，習此者也。顏回三月不違仁，時習乎仁也。荀子"仁義不一，不足為善學"，_{《勸學篇》}勸學乎仁也。《論語》二十篇，歸根在一"仁"字。《荀子》三十二篇，着意在一"禮"字。然而荀子論禮，亦以克己復禮為仁，非與《論語》有異趣，其言："人生有欲，欲而不得，則不能無求；求而無度量分界，則不能不爭；爭則亂，亂則窮。先王惡其亂也，故制禮義以分之，以養人之欲，給人之求；使欲必不窮乎物，物必不屈於欲。兩者相持而長，是禮之所起。"_{《禮論篇》}然則禮者，人之所由以耦俱無猜，而不為爭民施奪者也。《論語》揭仁以立人道之極，《荀子》論禮以明行仁之方；明其枝流雖分，本萌於仁者也。《孟子》七篇，亦以"仁義而已"開宗明義，先立乎人道之極也；而孝弟則為仁之本。《孝經》言"愛親者不敢惡於人，敬親者不敢慢於人"，《孟子》言"親親而仁民，仁民而愛物"，由本以及末也。《孝經》言"不愛其親而愛他人者，謂之悖德"，《孟子》言"未有仁而遺其親"，由外而驗內也。故知《孝經》為道之根源，六藝之總會。

《孝經》文體有三說：（一）謂孔子自作《孝經》；因弟子有請問之道，師儒有教誨之義，故假曾子之言以為對揚之體。莊周之斥鷃笑鵬、罔兩問影、屈原之漁父鼓枻、太卜拂龜，馬卿之烏有無是，揚雄之翰林子墨，皆依倣其體。劉炫說。_{易引《正義》述義}（二）《孝經》為七十子之遺書，與《禮記》為近；開首仲尼居、曾子侍，與《禮記》孔子閒居、子夏侍，仲尼燕居、子張子夏言游侍，文法正同。陳澧說。（三）《孝經》各章，皆引詩作結，實開荀子著書、《韓詩外傳》之體。某氏說。_{不憶何人}

　　《孝經》之偽，朱子《孝經刊誤》及朱子《語錄》、_{《四庫提要》詳引之}新安姚際恆立方《古今偽書考》咸有論列，與陳澧意異。獨山陽丁晏儉卿瀏覽羣書，斷自兩漢，錄其徵引《孝經》者，並蒐集古注，成《孝經徵文》一卷，以詔學者；徵是書為漢以前人所誦習講授，而不出於後人之矯託云。

　　《孝經》有今文、古文二本。今文稱鄭玄注，其說傳自荀昶而《鄭志》不載其名。古文稱孔安國傳，其書出自劉炫，而隋儒已言其偽。至唐玄宗開元七年三月，詔令羣儒質定。右庶子劉知幾主古文，五十二驗以駁鄭；國子祭酒司馬貞主今文，摘"閨門"章文句凡鄙，"庶人"章割裂舊文，妄加"子曰"字，及注中"脫衣就功"諸語，以駁孔。兩議並上。詔鄭依舊行用，孔注傳習者稀，亦存繼絕之典。十年六月，上注《孝經》，頒天下及國子學。天寶二年五月，上重註，亦頒天下。唐以前諸儒之說，因藉捃摭以僅存。四年九月，以御注仍自八分，刻石於太學，謂之《石臺孝經》。舊在陝西西安府學，為碑凡四。自是，唐玄宗御注行而鄭、孔兩家併廢，其章句蓋同今文也。玄宗既自注《孝經》，詔元行沖為疏。宋眞宗咸平二年，翰林侍講學士邢昺受詔校定《孝經義疏》，特剪截元疏，旁引諸書，成《孝經正義》三卷。元疏廢而邢疏遂行，今刊入《十三經註疏》者是也。至讓清道光間，儀徵阮元芸臺則以《孝經》為曾子之書也，既撰《曾子注釋》，以與《孝經》相表裏。因命次子福喜齋撰《孝經義疏補》九卷，全載唐注邢疏原文；而以《曾子》十篇中，凡可以發明《孝經》、可以見孔、曾授受大義者，悉分系於各章各句之下。至明皇御注半存舊注，而鄭注亦雜其中。如有鄭注見引於唐以前書者，悉據以補之；而於《釋文》所載鄭注舊字舊義，全行載入，以存鄭氏舊觀。且疏證之，古籍可相輔翼，並為甄錄；兼下己意，曲暢旁通。雖曰"補疏"，而實與疏全經者無殊，蓋專家之學，清儒莫逮也。

卷二 論語

　　閱《東塾讀書記》第二卷《論語》，提要鈎玄，觀於會通；不為漢儒訓詁瑣細之談，亦不作宋學心性杳冥之論。一引《朱子語類》謂："《論語》一部，自'學而時習之'至'堯曰'，都是實地做工夫處。"再引《伊川語錄》曰："將《論語》諸弟子問處，便作己問；將聖人答處，便作今日耳聞；自然有得。"大處落墨，小處着想，亦平實，亦閎通，異於章句小儒。

　　《論語》二十篇，開宗明義第一章提一個"學"字，第二章說一個"仁"字，最有意思。學之為言"覺"也，仁之為言"人"也；且先教學者覺到自己是個人，做人從何做起，可謂頂門一針，當頭一棒。荀子《勸學》以為學惡乎始？惡乎終？曰："其數則始乎誦經，終乎讀禮；其義則始乎為士，終乎為聖人。真積力久則入學，至乎歿而後止也。故學數有終，若其義則不可須臾舍也。為之，人也；舍之，禽獸也。"亦歸根一"人"字。"其數則始乎誦經，終乎讀禮"，學也。_{陳澧云學者何讀書也}"其義則始乎為士，終乎為聖人"。其為人也，"真積力久則入學，至乎歿而後止"，亦勉人以時習之意也。義正相發。

　　《論語》二十，始《學而》，終《堯曰》，內聖而外王也。內聖之功，以"學而時習"策之於始；外王之治，以"四海困窮"儆之於終。旨深哉！

《論語》一書，標"仁"字以立人道之極，揭"君子"以示人倫之範。子者，男子之通稱；君者，善羣者也。"君子"之言善羣之男子也，故曰："君子羣而不黨。""羣"而不黨，斯人之所由以偶俱無猜，而講信修睦，示民之有常者也。仁孰大乎是？《中庸》："仁者人也。"鄭注："人也，讀如相人偶之人。"黨則有偶有不偶，羣則無之而不偶。含宏光大，仁之至也。然謂仁因人偶而見，則可；謂非人偶無以見仁，則不可。謂人偶可借以便宜說明仁之見端，則可；謂人偶可附會以釋《說文》"仁，从人从二"之義，則不可。阮文達公以《中庸》"仁者人也"鄭注讀如相人偶之人，遂从《說文》人二之義。_{徐鼎臣說仁者兼愛故从三人}及《曾子制言》"人非人不濟"語；以為"獨則無偶，偶則相親。孔門所謂仁也者，以此一人與彼一人相人偶，而盡其敬禮、忠恕之謂也。凡仁必於身所行者驗之而始見，亦必有二人而仁乃見。若一人閉戶齋居，瞑目靜坐，雖有德理在心，終不得指為聖門所謂之仁"，而以駁朱子"仁者，心之德，愛之理"。斯則拘虛之談，未免知其一而不知其二。不知《中庸》"仁者人也"，猶言人之所以為人也，與《孟子》"仁，人心也"語勢正同。《孟子》加一心字，則所以釋夫此句者既明矣。牝牡親子之愛，犬馬之所同；立人達人之仁，唯人所獨。故曰"仁，人心也"，而非所語於愛。《說文》"仁，親也，从人从二"，小徐《繫傳》："从，人二聲。"按此當從《繫傳》。二與仁雙聲，皆日母字；《說文》有以雙聲字為聲者，故仁从二得聲。古文仁作忎。制字之初，忎本从心，安得藉口篆文从人二以難朱子"仁者心之德"。《禮·表記》："仁者，人也。"其下文云："中心憯怛愛人之仁也。"孔孟時，小篆未興，但有从千从心之忎，安有从人从二之仁。言仁必以孔孟為歸。《論語》"其心三月不違仁"，《孟子》"仁，人心也""君子以仁存心",皆以心之德為說,初未嘗以相人偶為仁也。必待相人偶而後仁,將獨居之時,仁理滅絕乎?夷齊西山,其意不求人偶,而《論語》"求仁得仁",又何解也。"我欲仁斯仁至矣""為仁由己,而由人乎哉?"何人偶之有?如必待人偶而後仁,是仁乃外來之物。告子以義為外,今更欲以仁為外乎?抑仁有相人偶之義,而鄭注讀如相人偶之人祇,是擬其音,而未詁其義。蓋鄭注讀如之例,與《說文》不同。《說文》字書,其所舉者,制字之本義;故讀如之字,往往義寓於聲,可尋聲以得義。鄭注乃訓詁之書,凡讀如者,皆擬其音,非釋其義;義則別有訓釋以明之。段玉裁《周禮鄭讀考》所立三例至確,如鄭注以人相偶為解,當云仁"讀為",不當云仁"讀如"。

<small>讀如者,擬其音也。古無反語,故為比方之詞。讀為者,易其字也,易之以音相近之字。故為變化之飼,比方主乎音,變化主乎義。比方不易字,故下文仍舉經之本字。變化字已易,故下文輒舉已易之字。注經必兼茲二者,故有讀如有讀為。字書不言變化,故有讀如無讀為。有言讀如某,讀為某而某仍本字者,如</small>云"讀如",第謂與相人偶之人字同音耳,曷嘗以相人偶為仁。鄭君注《禮》箋《詩》,屢言人偶;其所取義,皆與仁無涉,朱一新《無邪堂答問》辨之析矣。然必謂仁不可以相人偶為解,則亦近於拘虛。人偶不足以盡仁,而仁未嘗不因人偶而見。自消極言之,則曰:"克己復禮為仁""我不欲人之加諸我也,吾亦欲無加諸人。"而積極言之,則曰:"仁者,己欲立而立人,己欲達而達人。"然則孔門行仁之方,何必不卽人相偶而切近指點也。要之,仁根人心,見於人偶;人偶可以徵仁,而不必拘牽鄭注,附會許書,以蹈漢學家之作繭自縛爾。

讀《論語》反覆參閱,因悟以漢儒、宋學解《論語》,不如屬辭比事,以《論語》解《論語》,如《陽貨》子曰:"禮云禮云,玉帛云乎哉!樂云樂云,鐘鼓云乎哉!"然則禮不云玉帛,樂不云鐘鼓,將以何云。參閱《八佾》:"人而不仁,如禮何?人而不仁,如樂何?"則知禮樂之本在仁。仁心見於人偶,而人之所以偶俱無猜

者，其道必由於交親相敬。《禮·樂記》："樂者為同，禮者為異；同則相親，異則相敬。"斯人之所由以相偶，而仁之道也。然《記》又推言禮樂之敝，以為"樂勝則流，禮勝則離"。離則不相親，流則不相敬，人道或幾乎息，而孔子之所深嘅。故曰"人而不仁，如禮何？人而不仁，如樂何"也。禮勝則離，故《學而》著有子曰："禮之用，和為貴。"樂勝則流，故又推論"不以禮節，亦不可行"。蓋禮之節，必用以樂之和，而後不致繁文縟節，徒為拘苦。然樂之和，必劑以禮之節，而後不致流連荒亡，失之放廢。有子此言，或者視老子廢禮之論，而欲以發其蔽。李元度《論語說》曰："有子謂'知和而和'，皆為自放於禮法外者警耳。"

惡不可為也，善亦不可過也。善何以不過，曰：莫如權以禮。子曰："恭而無禮則勞，慎而無禮則葸，勇而無禮則亂，直而無禮則絞。"蓋禮者，人己之權界，道德之準繩。荀子《勸學篇》曰："禮者，法之大分，類之綱紀也。故學至乎禮而止矣；夫是之謂道德之極。"恭與慎，不可謂非道德也。然"恭而無禮則勞，慎而無禮則葸"，斯我難乎其為我矣。勇與直，亦不可謂非道德也。然"勇而無禮則亂，直而無禮則絞"，斯人難乎其為人矣。進不失人，退不矢己，並行不繆，順理成章，其唯禮乎？《記》曰："仁義道德，非禮不成"，此之謂也。朱注殊欠發揮。

子曰："能以禮讓為國乎何有。"朱注："讓有禮之實。"劉寶楠《正義》亦用其文，語欠分曉，不知"讓"與"禮"有別。荀子《勸學篇》曰："禮者，法之大分。"《禮論篇》曰："人生有欲，不能無求；求而無度量分界，不能不爭；故制禮義以分之。"而《正論篇》則曰："禮義之分盡矣，擅讓惡用矣哉！"然則"禮"者，法之大分；"讓"者，禮之過當。分所應得曰禮，辭其固有為讓。《記·

曲禮上》:"退讓以明禮。"疏:"應受而推,曰讓。"賈子《新書·道術篇》:"厚人自薄謂之讓。"孔子退讓以明禮,故曰:"以禮讓為國何有。"荀卿隆禮以薄讓,則曰:"禮義之分盡矣,擅讓惡用矣哉!"此其較也。

子曰:"上好禮,則民易使。"朱注引謝氏曰:"禮達而分定,則民易使。"荀子隆禮,發揮此義最詳。何謂分?西哲之所謂權界是已,惟分有羣己之分,有尊卑之分。荀子《勸學篇》曰:"禮者,法之大分,類之綱紀。"類謂人類也。《禮論篇》曰:"人生有欲,不能無求;求而無度量分界,不能不爭;故制禮義以分之。"《富國篇》曰:"人倫並處,同求而異道,同欲而異知,性也。天下害生縱欲,欲多而物寡;離居不相待,則窮;羣而無分,則爭。窮者患也,爭者禍也;救禍除患,則莫若明分使羣。"故曰:"禮者,法之大分,類之綱紀。"此之謂分,羣己之分,禮達而分定之義一也。《王制篇》曰:"分均則不偏,勢齊則不壹,衆齊則不使。有天有地而上下有差,明王始立而處國有制。夫兩貴之不能相事,兩賤之不能相使,是天數也。勢位齊而欲惡同,物不能澹,則必爭,爭則必亂,亂則窮矣。先王惡其亂也,故制禮義以分之,使有貧富貴賤之等,足以相兼臨者,是養天下之本也。"《富國篇》曰:"禮者,貴賤有等,長幼有差,貧富輕重皆有稱者也。人之生也,不能無羣;羣而無分則爭,爭則亂,亂則窮矣。故無分者,人之大害也;有分者,天下之本利也。而人君者,所以筦分之樞要也。"此之謂分,尊卑之分,禮達而分定之義又一也。宋儒斷斷於尊卑之分,而置羣己之分不論,未免於義有漏。

陳氏曰:"何平叔《集解敍》云:'今集諸家之善,記其姓名。'朱子《集注》,多本於何氏《集解》,然不稱某氏曰者,多所刪改故也。"按朱一新《無邪堂答問》："或引何晏《論語集解》明引其氏，而朱子《集注》不明引以為譏切，則非也。朱子《集注》引宋儒言，無不明著其姓者，此正用何氏《集解》例。惟用前人訓詁及何氏《集解》處不盡然。蓋朱子以《集解》義理未純，乃作書以補其闕，非欲人廢《集解》。《集解》立在學官，人人肄習，無庸繁複。訓詁則博采衆家，融以己意。悉著之，將不勝瑣屑也。如《集注》'學之為言效也'，用《廣雅》'習，如鳥數飛也'，用《說文》'斆，覺悟也'。<small>皇疏用此訓</small>朱子恐'覺悟'之訓，易混於釋氏，故不用許書而用《廣雅》；復截取許書覺字之義，以申孟子先覺後覺之說；則尊德性、道問學之意，皆在其中。開卷數語，卽揭《四書》要義以示人，非苟焉已也。《集注》引《說文》例不舉書名，而注《鄉黨》'誾誾如也'獨明著之。蓋因'閔子侍側章'亦有此言，閔子無諍夫子之理，故但用《說文》'和悅'二字，而《鄉黨》則全用'和悅而諍'四字，復慮前後之歧出也，特著明於《鄉黨》以免後人之疑。其義例之密如此，而近儒猶肆攻詰。不知引書備著出處，近例始嚴，以為可免暗襲。然暗襲與否，仍視其人。吾見著出處而暗襲尤工者多矣。古惟疏體如是，傳注不拘。後鄭注三《禮》，有與先鄭異義，或徑用舊說者，始著之，餘不盡爾；何注《公羊》，郭注《爾雅》，襲舊甚多，亦未嘗盡著也。"意在表章朱注，與陳氏相發，而說益警切矣。

　　王弼注《易》，好為儷語；朱注《論語》，尤多排偶。然一精整，一諧暢；魏晉人氣息，自與宋人不同。

卷三 孟 子

孟子所謂性善者，有二界說：一謂人之性善，而不謂物之性善；江都焦循理堂《孟子正義》於《告子》"生之謂性"章詳發之。一謂人之性善，而不謂人之性純乎善；則陳氏此《記》發之。

孟子道性善，尤重擴充。性善者，人之所以異於禽獸也。擴充者，人皆可以為堯舜也。由性善而擴充之為堯舜，達則兼善天下，窮則獨善其身；七篇之大旨如是，而根本在性善。

孟子道性善，佛亦道性善！惟佛之道性善，普遍於一切衆生，以為狗子有佛性也。而孟子道性善，則限於人，而不謂一切衆生性善；故有"犬之性，猶牛之性；牛之性，猶人之性"之詰。《告子》則是佛之道性善無限，而孟子祇限於人也。

公孫丑問夫子加齊之卿相不動心，承上章夫子當路於齊，管仲、晏子之功可復許之問，一意相生。而孟子"以齊王，猶反手"，獨以養氣為難言。莊子所謂"道之眞以治身，其緒餘以為國家，其土苴以治天下；帝王之功，聖人之餘事"，《莊子讓王篇》正可於此參消息。

齊宣王問齊桓、晉文之事，而孟子對仲尼之徒，無道桓文之事；公孫丑道管仲、晏子之功，而孟子對管仲、曾西之所不為，更不論晏子，正是同一貴王賤霸之意。而孟子所以貴王賤霸者，謂以力服人，不如以德服人也。近來孫中山言民族主義而不言國家主義，以為："民族，是由於天然力造成的；國家，是用武力造成的。用中國的政治歷史來證明，中國人說王道是順乎自然。換一句話說，自然力便是王道，用王道造成的團體，便是民族；武力便是霸道，用霸道造成的團體，便是國家。"則是孫中山所以言民族主義而不言國家主義，卽本孟子貴王賤霸之論。

梁惠王曰移民移粟，孟子告以養生送死，王道之始；齊宣王問齊桓、晉文，孟子告以恆心恆產，盡反其本。此最著眼，是孟子一生大經綸，而民不贍於救死，奚暇治禮義？民有生而后能治，亦欲生而后求治。孫中山以民生主義要三民主義之終，亦未嘗不見及此。而民生主義，以平均地權為入手，猶之孟子論仁政必自經界始；《滕文公上》經界旣正，分田制祿可坐而定，所以平均地權也。

尊主庇民，儒與法之所同，然法家以為君主之尊嚴不可侵犯，是故主獨制於天下而無所制也。申子曰："有天下而不恣睢，命之曰以天下為桎梏。"李斯《論督責書》而儒者則以為君主之所以尊嚴，以其能羣也；如舍羣而言，則獨夫爾。孟子曰："民為貴，社稷次之，君為輕。"《盡心》"賊仁者謂之賊，賊義者謂之殘，殘賊之人謂之一夫；聞誅一夫紂矣，未聞弒君也。"《梁》夫治以利民，民非以殉治；君以治民，民非以奉君。荀子之言性惡，與孟子異；而孟子之論民貴，與荀子同。荀子《君道篇》曰："君者何也？曰能羣也。能羣者何也？曰善生養人者也，善班治人者也，善顯設人者也，善藩飾人者也。善生養人者，人親之；善班治人者，人安之；善顯設人者，人樂之；善藩飾人者，人榮之。四統者俱而天下歸之，夫是之謂能羣。不能生養人者，人不親也；不能班治人者，人不安也；不能顯設人者，人不樂也；不能藩飾人者，人不榮也。四統者亡而天下去之，夫是之謂匹夫。"正與孟子"誅一夫紂，未聞弒君"之義相發。荀子《正論篇》又曰："誅暴國之君，若誅獨夫，湯武非取天下也；修其道，行其義，興天下之同利，除天下之同害，而天下歸之也。天下歸之之謂王，天下去之之謂亡。"乃知《春秋左氏傳》"天生民而立之君，豈其使一人肆於民上""稱國弒君，君無道"之為儒術，而賈逵以為左氏"義深君父"之不免曲學阿世爾。

西洋政論家以君權為神權之化身，中國政論家以民權為神權之背景。《書·泰誓》曰："天視自我民視，天聽自我民聽。"則是天之視聽，胥寄諸民；神權為名，民權其實也。《孟子·萬章上》特闡發此義：天子得乎丘民，人歸以徵天與。西洋立憲國家君主無責任，而中國儒家則以君主有責任；對於天而負責任，誰實課其責任？則人民也。余無以名之，名之曰"神權民本主義"。近世梁啓超《飲冰室文集·論中國學術思想變遷之大勢》一文，亦嘗論之。

《孟子·滕文公上》"有為神農之言者許行"章，當與《論語》"微子、子路從而後，遇丈人"章參觀。丈人之以"四體不勤，五穀不分"譏孔子，猶許行之以"賢者並耕"規滕文公；而皆出於楚，疑楚人自有一種勞農學派。孟子為仲尼之徒，許行即丈人之嗣法。而必託之神農之言者，神農一號炎帝，自為南方之蠻夷大長，生於烈山，_{在湖北隨縣北}葬於茶陵，_{在湖南酃縣西}皆古楚地，而以教民稼穡萬世利賴，其觀感之繫楚人者自深。此勞農學派之所以出楚人，而託之神農之言也。而許行之所為異於孟子者、孟子言必稱堯舜，許行為神農之言，宗主不同，一也。許行勞農自活，孟子通功易事；一不主分功，一主分功，二也。孔子斥樊遲學稼為"小人哉"，正與孟子以大人之事、小人之事對許行，如出一吻。俄哲家託爾斯泰以宣傳勞動主義聞於世，謂："人不可不勞動以自支生活，無論何人，不能有利用他人之勞動而奪其生產之權利。資本主之於工人，地主之於佃戶，君主、官吏之於人民，皆利用其勞動，而奪其生產，是為人類額汗上之寄生蟲。今勞動之人，無一得自由者。而公然拋棄其人間之義務，利用他人之勞動，奪他人生產以生活之特權，則自古至今，猶不能廢。擁護此偽特權而為辯護，則偽宗教、偽哲學、偽科學之三者也。"則與許行之斥滕君以厲民自養，先後同揆；而孟子之所謂大人之事、勞心以食於人，不免託氏所譏"人類額汗上之寄生蟲"也。故自今日論之，丈人許行等，略似勞動主義，而孔子、孟子則持分功主義。蓋科學上分功之義，說明人類社會為一種有機體，與人之個體同。人之個體，有各種器官以行分功；社會之中，有官吏，有學者，有農工商，亦所以行分功也。而分功之中，以精神與物質為二大分野。官吏、政治家、學者、文藝家，屬於精神方面，其他則屬於物質方面。依此而論，則勞心者食於人之特權，自不能不承認。惟託爾斯泰則以此種為偽分業，而反對之。其論甚詳，不暇備述，要足為數千年前之許行張目爾。

《論語》二十，始《學而》，終《堯曰》，由內聖而推極於外王也；《孟子》七篇，始《梁惠王，》終《盡心》，由外王而洗心於內聖也。由內聖而推極於外王，然後驗為學之功大；由外王而洗心於內聖，然後程為學之功密。

"博學於文，約之以禮"，《樂記》云："禮者，理之不可易者也。"須是活看作有條理講，不必泥煞作禮制威儀看 此孔子治學之法也；"博學而詳說之，將以反說約也"，此孟子治學之法也。子貢多學而識，博學也；夫子一以貫之，說約也。朱子《語類》云："嘗譬之：一，便如一條索；那貫的物事，便如許多散錢。須是積得這許多散錢了，卻將那一條索來一串穿，這便是一貫。若陸氏之學，只是要尋這一條索，卻不知道都無可得穿。"其論一貫之必由多識，以徵說約之先以博學，可謂罕譬而喻。自古學問而有成，未有不如此。如不博學而求說約，衹是幻想，豈有真見，宋學之末流也；但博學而不說約，徒見斷片，不成條貫，淸學之瑣碎也。陳氏此《記》成於晚年，旁推交證，立言有宗，庶幾博學而說約，多識以一貫者乎？

《論語》三言兩語，辭尚體要；《孟子》長篇大論，厥勢雄放。《論語》多體驗於人倫日用，《孟子》卻高論於性天杳冥；一平實，一高朗。然不平實而高朗，好高鶩遠，便蹈駕空之弊。讀《論語》後，乃讀《孟子》，方無流弊。

昔劉炫以孔子自作《孝經》，乃假曾氏之言，以為對揚之體。而陳氏則謂孟子書，諸弟子問，而孟子答之，多客主之辭，乃戰國文體；皆以師弟對問，匪為事實，同於莊生之寓言，《楚辭》之設問；雖無徵信，而有思致。

卷四　周　易

　　清儒好明《易》象，而陳氏獨切人事以明義。清《易》多宗虞翻，而陳氏獨稱輔嗣以忘象。其說《易》揭丁寬、費直為法，不採鄭玄之爻辰，尤斥孟京納甲卦氣之說，以為納甲卦氣，皆《易》之外道；趙宋儒者闢卦氣而用先天，近人知先天之非矣，而復理納甲卦氣之說，不亦唯之與阿哉。

　　按《漢書·儒林傳》稱："魯商瞿子木受《易》孔子，以授魯橋庇子庸，子庸授江東馯臂子弓，子弓授燕周醜子家，子家授東武孫虞子乘，子乘授齊田何子裝，子裝授梁丁寬子襄，而寬授同郡碭田王孫，王孫授施讎、孟喜、梁丘賀，由是《易》有施、孟、梁丘之學。"則是施、孟、梁丘之學，出於丁寬也。而傳稱其作《易說》三萬言，訓故舉大義而已。自商瞿至丁寬六傳而其說不過如此，此先師家法也。是為《易》之正傳。而《儒林傳》又稱"孟喜好自稱譽，得《易》家候陰陽災變書，詐言師田生且死時，枕喜膝，獨傳喜，諸儒以此耀之。博士缺，眾人薦喜。上聞喜改師法，遂不用喜。"京房受《易》梁人焦延壽。延壽云："嘗從孟喜問《易》。"會喜死，房以為延壽《易》即孟氏學，翟牧白生不肯，皆曰："非也。"至成帝時劉向校書，考《易說》，以為諸家《易》說皆祖田何，楊叔丁將軍大誼略同，唯京氏為異，黨焦延壽獨得隱士之說，託之孟氏，不與相同。'則是《易》家以陰陽災變為說，首改師法而不用訓詁、舉大誼者，始於孟而成於焦、京。孟氏無傳書，《焦氏易林》十六卷，《京氏易傳》三卷，《四庫全書》皆以隸術數類，蓋《易》學之別傳云。

漢《易》之端緒略可考者：京房、虞翻可以徵孟喜，鄭玄、王弼可以覘費直；孟喜，今文；費直，古文也。宋儒胡瑗、程頤本王注以發義理，清學惠棟、張惠言治虞《易》以究象數。虞翻，吳人；王弼，魏人。皆三國之《易》家也。王注參以老聃之玄說，虞《易》雜以《參同契》之丹法；皆道家之言也，譬之魯衛之政，而必主奴彼此，徒見其矯為立異耳。

費直《易》傳於馬融、鄭玄、荀爽、王弼。鄭出於馬，王近於荀。荀悅《漢紀》云："臣悅叔父故司空爽著《易傳》，據爻象承應陰陽變化之義，以十篇之文解說經義。"其說略見唐李鼎祚《周易集解》，大抵究爻位之上下，辨卦德之剛柔。王弼盡掃象數而獨標卦爻承應之義，蓋本於此。《太平御覽》引顏延之《庭誥》曰："馬、陸得其象數而失其成理，荀、王舉其正宗而略其象數。"李鼎祚《周易集解·序》云："王、鄭相沿，頗行於代。鄭則多參天象，王乃全釋人事。且《易》之為道，豈偏滯於天人者哉。"鄭、王之臧否，即徵馬、荀之優劣焉。

孔穎達《正義》疏王注，李鼎祚《集解》主虞義；一闡魏學以開宋儒胡、程義理之先河，一明吳《易》以為清學惠、張言象數之前導，而皆出於唐。

漢《易》兩派，一派訓故舉大誼，丁寬、《易說》三萬言訓故舉大誼費直亡章句，徒以《彖》《象》《繫辭》十篇解說上下經是也；一派陰陽候災變，孟喜、京房是也。宋《易》亦分兩派，一派圖書，劉牧《易數鉤隱圖》三卷、邵雍《皇極經世》十六卷，是也；一派義理，倪天隱胡瑗《口義》十二卷、程頤《易傳》四卷、楊萬里《誠齋易傳》二十卷，是也。至朱子為《周易本義》十二卷，則闡康節之圖書，以補《程傳》之未逮；不名一家，蓋欲觀其通焉。

清《易》三家，曰：元和惠棟定宇，武進張惠言皋聞，江都焦循理堂。自惠氏首考古義孟京、荀、鄭、虞氏，作《易漢學》八卷，又撰《周易述》二十三卷，以李鼎祚《周易集解》為本，而稍增損之；其所述大抵宗禰虞氏，而有不通，則旁徵荀爽、鄭玄、宋咸、干寶，未為專家也。至張惠言乃獨取虞注而明其統例，信其亡闕，為《周易虞氏義》九卷；又明其大指，為《消息》二卷，以存一家之學。焦循說《易》，獨闢畦町，以虞氏之旁通，兼荀氏之升降，意在采漢儒之長而去其短，撰《易通說》二十卷；復提其要，為《易圖略》八卷；而於孟氏之卦氣，京氏之納甲，鄭氏之爻辰，皆駁正之，以示後學。又撰《易章句》十二卷，簡明切當。學者先玩《章句》，再考之《通釋圖略》則於《易》有從入之途，無望洋之歎矣。

清儒言《易》者，好張孟之卦氣、京之納甲、鄭之爻辰，而必斥宋儒邵子之《先天圖》以為謬說，則誠可謂知其一而不知其二。不知先天出於納甲，納甲出於納音，納音出於緯書；其見於古籍者，歷有明徵。隋蕭吉《五行大義》引《樂緯》孔子曰："某吹律定姓，一言得土曰宮，三言得火曰徵，五言得水曰羽，七言得金曰商，九言得木曰角。"亦見《南齊書·樂志》。此納音之法，與《抱朴子·儇樂篇》引《玉策記》《開名經》正同，與《禮記·月令》正義引《易林》亦合；蕭吉闡其說甚詳。納甲之出震見丁盈、甲退、辛消、丙滅乙，義本諸此。後儒惟沈括《夢溪筆談》、_{卷五《論納音》卷七《論納甲》}錢大昕《潛研堂集》_{卷一《納甲說》}能明其故，焦循《易圖略》知之而又疑之，蓋欲斥漢儒以自張其學耳。其論納甲，皆未達虞氏之意。納甲之法，詳見虞翻《易注》_{李氏《集解》引}及魏伯陽《參同契》。按京氏《易傳》云："甲壬配外內二象，_{陸續注首："乾為天地之分甲壬入乾位"}分天地乾坤之象，益之以甲乙壬癸。震巽之象

21

配庚辛，坎離之象配戊己，艮兌之象配丙丁。"又云："三者，東方之數；東方，日之所出。四者，西方之數；西方，日之所入。言日月終天之道，奇耦之數；取之於乾坤者，陰陽之根本。坎離者，陰陽之性命。"其言與《參同契》皆合，是納甲出於京氏無疑。《太平御覽》引京氏《易說》云："月與星，至陰也，有形無光；日照之，乃有光。喻如鏡，照日即有影見。月初光見西方，望以後光見東方，皆日所照也。"《參同契》之言，尤與虞注及《先天圖》若合符節。邵子《觀物外篇》："震始交陰而陽生，巽始消陽而陰生。兌，陽長也；艮，陰長也。震兌，在天之陰也；巽艮，在地之陽也。故震兌上陰而下陽，巽艮上陽而下陰。乾坤定上下之位，坎離列左右之門。天地之所闔闢，日月之所出入，春夏秋冬，晦朔弦望，晝夜長短，行度盈朔，莫不由此。"此即納甲之義。熊朋來《經說》、胡渭《易圖明辨》《陳壽熊讀易漢學私記》皆已言之。陳氏疏證尤明確。邵子謂圖皆自中起，即《京氏易傳》所謂坎離之象配戊己也；乾南坤北，即陸績注所謂"乾坤分甲乙壬癸，陰陽之終始"也。乾南坤北之位，惠士奇《易說》誤以方位為方向，而反疑邵圖為誤。錢大昕《養新錄》亦然。果如惠氏、錢氏之說，將言天象者，鶉火必易置北方而後為向南，元武當易置南方而後為向北乎？至於離東坎西，即《參同契》所謂"坎離匡廓，運轂正軸，為乾坤二用"也。其方位不盡同者，即《參同契》所謂："二用無爻位，周流行六虛，往來既不定，上下亦無常。"朱子《考異》_{託名鄒昕作}所謂"甲乙丙丁庚癸，以月之昏旦出沒言之，非以分六卦之方"也。不然，虞注既言"乾坤列東，艮兌列南，震巽列西，坎離列中"，《繫辭》_{卦成列注}何又言"震春兌秋坎冬離夏"？_{兩儀生四象注}惠棟輩以此為疑，則虞義先不可通，乃獨疑邵子耶？朱子《語類》："《先天圖》傳自希夷，希夷又自有所傳，蓋方士技術用以修鍊，《參同契》所言是也。"又曰："伯陽《參同契》，恐希夷之學，有些是其源流。"又曰："《先天圖》直是精微，不起於康節，希夷以前原有，只是祕而不傳，次第是方士輩相傳授，《參同契》中亦有些意思相似。"又曰："《先天圖》與納音相應，故季通言與《參同契》合。"朱子明知此圖傳自道家，而仍用以注《易》者，蓋欲備一家之學，為占驗設也。先天本於納甲，宋儒固明言之；其傳自道家，宋儒亦並未諱言之。毛奇齡、朱彝尊之徒，不喜宋儒，借此以肆攻訐，無足深辨。京、焦之學，雖云傳自孟長卿，而班史《儒林傳》已著疑詞，謂延壽黨獨得隱士之說，託之孟氏；所云得之隱士者，與《先天圖》得自陳希夷略同，皆教外別傳，非《易》本旨。然班史稱孟長卿得《易》家候陰陽災變書，詐言師田生且死時，獨傳喜，上聞喜改師法遂不用；據此知孟氏之學，已非盡《易》之本旨，況京、焦乎？但《易》無象數無以命占，故自來言象數者，能合於占驗，卽可自為一家之學。若卦氣，若九宮，若納甲，若爻辰，若先天，皆《易》之支流餘裔，推衍繁密，附會闊多。先儒取其說之近理者以為《易》家占候，近人好言象數而不能施之於占候，特重僞耳。此外言數者，惟河洛所託最尊，其數亦出自然，故太乙九宮，明堂則之。見《大戴禮盛德篇》宋儒言圖書者，本之《大戴記》注，言九室法龜文，而劉牧互易圖書之數，蓋以圖與書同為九宮故也。《五行大義》引黃帝《九宮法》曰："戴九履一，左三右七。二四為肩，六八為足。五居中宮，總御得失。其數則坎一、坤二、震三、巽四，中宮五，乾六、兌七、艮八、離九。太乙行九宮法從一始。"《乾鑿度》鄭注略同又云："天一之行，始於離宮；太乙之行，始於坎宮。"按此篇皆據《洪範》九疇以立說。九疇，先儒以為卽《洛書》；孔安國、劉歆、馬融皆有此說，故盧辯注《大戴記·明堂篇》謂九室法龜文。徐岳《數術記》遺有九宮算，甄鸞注，與《五行大義》所引說同。宋人之圖，自有所本，孫星衍謂宋人誤以太乙九宮為《洛書》，非也。

《五行大義》又云："天一，地二，天三，地四，天五，地六，天七，地八，天九，地十，天地之數，合五十有五。九宮用者，天除一，地除二，人除三，餘四十有九，以當蓍策之數。又四時除四，餘四十五。五者五行，四十者五行之成數。"《乾鑿度》云："易變而為一，一變而為七，七變而為九。九者，氣數之究也，乃復變而為一。"與《列子·天瑞篇》同 又云："陽以七、陰以八為象。易一陰一陽，合而為十五之謂道。陽變七之九，陰變八之六，亦合之十五，則彖變之數若一。陽動而進，變七之九，象其氣之息也。陰動而退，變八之六，象其氣之消也。故太乙取其數以行九宮，四正四維，皆合於十五。"鄭注亦引天一地二以釋之，謂："一變為七，是今陽爻之象；七變為九，是今陽爻之變。二變為六，是今陰爻之變；六變為八，是今陰爻之象。七在南方，象火；九在西方，象金；六在北方，象水；八在東方，象木。"其言方位進退，與宋人所言《河圖》之數，一一脗合。《後漢書·劉瑜傳》謂："《河圖》授嗣，正在九房。"九房者，明堂九室也。蓋"天一地二"以下二十字，為《河圖》之數，聖人則之以演《易》；"初一曰五行"以下六十五字為《洛書》之數，聖人則之以演疇。故孔安國謂："《河圖》，則八卦是也。《洛書》，則九疇是也。"見《易·繫辭》正義 劉歆云："伏羲氏繼天而王，受《河圖》而畫之，八卦是也。禹治洪水，錫《洛書》法而陳之，《九疇》是也。《河圖》《洛書》相為經緯，八卦、九章相為表裏。"見《漢書·五行志》 此即宋儒《書》亦可為《易》、《圖》亦可為《範》之說也。又《禮運》疏引《中侯握河紀》云："伏羲氏有天下，龍馬負圖，出於河，遂法之畫八卦。龜書，洛出之。"《宋書·符瑞志》："伏羲受龍圖，畫八卦，所謂河出圖者也。禹時洛出龜書六十五字，是謂洛出書者也。"漢儒相傳古義如此。宋儒不取緯書，故不得二圖之來歷，而其圖則遠有端緒，並非宋人所臆造也。關子明《易傳》言圖書，與《乾鑿度》

《五行大義》皆同。關《易》世以為阮逸偽作，然阮逸亦是宋仁宗時人，在邵子前。大抵治《易》者不言象數則已，言象數則易流於術數。當西漢時，卦變之說未興，其言《易》以陰陽災變為主，故卦氣之學，流傳最遠。自是厥後，言《易》而近術數者三家：卦氣主日，納甲主月，爻辰主星，皆言天象以明人事。揚子雲用《三統歷》衍《太玄》以明《易》。漢儒家法本自如此，然其源皆出於緯書。緯書多漢人附益，非盡七十子後學者所記也。漢儒以卦氣、納甲明消息，而以消息為伏羲十言之教，其說亦出於緯，與康節之《先天》託諸伏羲意同。凡言數學者皆如此。卦氣見《易緯·稽覽圖》。爻辰之法，詳見《五行大義》，謂："天有九星，地有九州，以二十八宿分繫於九宮。其星則天蓬、天輔等名。"今太乙壬遁所用者也。《楚辭·九辨序》："天有九星以正機衡。"劉向《九歎》："訊九魁與六神。"王逸注："九魁，北斗九星也。"蓋斗為天樞，運乎中央，臨制四鄉。測算家用七星，占驗家則用九星以應九州。其術流傳頗古，而每為後世道家所纂取。《南齊書·高帝紀》論太乙九宮之法，與今術士所用正同。《隋志》有費長卿《周易分野》一卷，即爻辰所從出，錢大昕《潛研堂集》中《答問》已言之。納甲本於納音，爻辰本於九宮；九宮納音之法，今太乙壬遁星卜堪輿時日小數，無不用之。蓋術數家皆自託於《易》，本古法以為推衍，故能流傳後世；繆悠之言，宜為儒者所弗道。但九宮、貴神諸說，乃術家所附會，固不得因此而并疑河洛也。《繫辭》"五位相得而各有合"，虞注云云，正與《先天》說同。以"天地定位"四語合於納甲，不自邵子始。惟虞注於"帝出乎震"章，亦以納甲釋之。兌西坎北，義不可通；因釋以二三爻失位，未免牽湊。邵子知其然，乃分先後天以圓其說，用意甚巧；而託之伏羲，致啟後人之疑。然謂《易》無先後天之分，可也；謂先天之學，無與於象數，不可也。謂朱子

《本義》不當冠以九圖，可也；謂九圖不源於漢儒，不可也。漢學家非不知先天納甲，同出一源，第惡宋儒而尊虞氏，遂諱言之。豈知卦氣飛伏、九宮納甲、爻辰、先天，皆非《易》所本有；昔人特為占驗而設，故其法每為術士所纂。王弼、程子專明義理，《易》道始尊，後遂立於學官，從之者自無流弊。近儒嚴斥先天，謂非《易》之本旨，是已；乃復附會爻辰，推尊納甲，左右佩劍，庸有異乎？至《河圖》《洛書》，卽非作《易》本旨，亦是漢儒相傳古義。朱一新《無邪堂答問》論之審矣。刪次其說，以資參證焉。

易道淵深，包羅衆義，隨得一隙，皆能宛轉關通，有所闡發；豈徒陰陽五行，圖書占驗，可一一援《易》以為說。乃至宋儒王宗傳景孟以禪宗明《易》，成《童溪易傳》三十卷。明釋智旭以《易》理參禪，成《周易諨解》十卷。近人侯官嚴復又陵序。其所譯英儒赫胥黎著《天演論》，則又據《易》理以闡歐學。其大指以為："歐學之最為切實，而執其理可以御蕃變者，名、數、質、力四者之學是已。而吾《易》則名、數以為經，質、力以為緯，而合而名之曰'易'。大宇之內，質、力相推，非質無以見力，非力無以呈質。凡力，皆乾也；凡質，皆坤也。奈端❶動之例三，其一曰：'靜者不自動，動者不自止。動路必直，速率必均。'此所謂曠古之慮，自其例出而後天學明，人事利者也。而《易》則曰：'乾，其靜也專，其動也直。'後二百年，有斯賓塞爾者，以天演自然言化，著書造論，貫天地人而一理之，此亦輓近之絕作也。其為天演界說曰：'翕以合質，闢以出力，始簡易而終雜糅。'而《易》則曰：'坤，其靜也翕，其動也闢。'至於'全力不增減'之說，則有自彊不息為之先；凡動必復之說，則有消息之義居其始。而'《易》不可見，乾坤或

---

❶ 今譯"牛頓"。——編者註

幾乎息'之旨，尤與'熱力平均，天地乃毀'之言相發明。"可謂有味乎其言之也。然嚴氏尚非《易》家也，不過為闡易道以歐學者之大輅椎輪爾。至海寧杭辛齋出，耽研《易》義，博及諸家傳注，而蒐藏言《易》之書六百二十餘種，並世之言《易藏》者，莫備焉；著有《易楔》六卷，《學易筆談》初集、二集各四卷，《易數偶得》二卷，《愚一錄易說訂》二卷，《讀易雜說》一卷，《改正揲蓍法》一卷。其平日持論，以為："易如大明鏡，無論以何物映之，莫不適如其本來之象。如君主立憲，義取親民，為《同人》象。民主立憲，主權在民，為《大有》象。社會政治，無君民上下之分，為《隨》象。乃至日光七色，見義於白《賁》。微生蟲變化物質，見象於《蠱》。又如《繫辭傳》言：'坤，其靜也翕，其動也闢。'而所謂'闢'者，即物理學之所謂離心力也；'翕'者，即物理學所謂向心力也。凡物之運動，能循其常軌而不息者，皆賴此離心、向心二力之作用。地球之繞日，即此作用之公例也。凡近世所矜為創獲者，而《易》皆備其象，明其理於數千年之前。蓋理本一源，數無二致，時無古今，地無中外，有偏重而無偏廢。中土文明，理重於數，而西國則數勝於理。重理，或流於空談而鮮實際；泥數，或偏於物質而遺精神。惟《易》則理數兼賅，形上道而形下器，乃足以調劑中西末流之偏，以會其通而宏其指。"此則推而大之以至於無垠，而異軍突起，足為《易》學闢一新塗者焉。

卷五　尚　書

　　清儒疑《古文尚書》為晉梅賾作。然按《漢書·谷永傳》永上封事引經曰："亦惟先正克左右。"師古注："《周書·君牙》之辭也。"《君牙》乃今《孔傳》之一篇，不特伏生今文無之，卽馬、鄭《逸書》亦無之。而陳壽《三國志·蜀志》先主上言用"惡直醜正"，實繁有徒。《吳志》駱統上疏引："衆非后，無能胥以寧；后非衆，無以辟四方。"又陸抗疏："與其殺不辜，寧失不經。"皆出《古文尚書》。湘潭王闓運壬秋《湘綺樓日記》歷舉之。假云梅賾作，不應西漢、三國時人已引其文也。又疑《孔安國傳》出王肅作。然案《禹貢》"三百里蠻"，傳云："以文德蠻來之。"孔穎達疏："鄭云：'蠻者，聽從其俗，羈縻其人耳，故云蠻。蠻之言緡也。'王肅云：'蠻，慢也，禮義簡慢。'與孔異。"《洪範》"農用八政"傳曰："農，厚也。厚用之，政乃成。"孔穎達疏："鄭云：'農，讀為醲。'則農是醲意，故為厚也。張晏、王肅皆言：'農，食之本也。食為八政之首，故以農言之。'然則農用止為一食，不兼人事，非上下之例，故傳不取。"此皆傳與鄭說同，而與王肅說不同，則似非王肅所作也。陳氏此《記》，亦明論之。假云王肅、梅賾之說而信，"置其為假託之孔安國，而論其為魏晉間人之傳，則未嘗不與何晏、杜預、郭璞、范寧等先後同時"。焦循《尚書補疏序》《尚書》不唯言多近理，而去古未遠，訓詁終有所受。嘉定王鳴盛西莊作《尚書後案》三十卷，力屛《古文尚書》孔安國之偽，而於馬、鄭、王注之外，仍列孔傳。吳縣江聲艮庭作《尚書集注音疏》十二卷，蒐錄漢人舊說，而於孔傳亦多取之。陽湖孫星衍淵如撰《尚書今古文注疏》三十卷，屏孔傳而綴輯馬、鄭；然今文二十八篇，不能不有取諸孔傳之經。至錢塘張爾田孟劬著《史微》，乃謂伏生《尚書大傳》乃孔子口說之微言大義，而孔安國傳《古文尚書》，則舊史相傳之傳記耳。

清儒太原閻若璩百詩撰《古文尚書疏證》八卷，力斥《古文尚書》孔安國傳之偽，其說實發於宋吳棫朱子。而金壇段玉裁懋堂為《戴東原年譜》云："國朝言地理者，於古為盛，有顧景范、顧寧人、胡朏明、閻百詩、黃子鴻、趙東潛、錢曉徵，而先生乃皆出乎其上。蓋從來以郡國為主而求其山川，先生則以山川為主而求其郡縣。"極意揚詡，而不知其法亦本於宋儒。鄭樵《通志·地理志略》云："州縣之設，有時而更；山川之形，千古不易。所以《禹貢》分州，必以山川定經界，使兗州可移，而濟河之兗州不可移；使梁州可遷，而華陽黑水之梁州不可遷。是故《禹貢》為萬世不易之書。"蓋即戴震以山川而求郡縣之所自昉也。

宋儒之說《禹貢》者，自程大昌撰《禹貢論》五卷、《後論》一卷、《山川地理圖》二卷外，以傅寅《禹貢說斷》四卷為最著，刊入納蘭容若《通志堂經解》，其說最為清儒所取。清儒自德清胡渭朏明撰《禹貢錐指》二十卷、圖一卷外，以寶應成儒芙卿《禹貢班義述》二卷為最精。《漢書·地理志》言："推表山川。"本釋《禹貢》，兩漢經師遺說多存其中。成氏據以釋本經，最得家法；援據精博，顓門之學也。又以《班義述》詳於考古，乃復擬撰《禹貢今地釋》一書，首取今地釋漢地，更取漢地證禹蹟，期補前書之未備，而未成書。當塗徐文靖位山《禹貢會箋》十四卷，簡而甚疏，其依胡氏《錐指》以立義者，亦多有之。《錐指》體大思精，錯誤亦復時有，不足為病也。

說《禹貢》者，必據《漢書·地理志》，顧其書簡奧，非有疏證，不能通其說。酈道源❶《水經注》，卽班《志》之義疏也。朱子"言兩山之間，必有大川；兩川之間，必有大山。水道通，斯山脈可得而理"。然山勢終古不易，水道隨時變遷，不證今，無以考古。天台齊召南次風撰《水道提綱》三十卷，沿源竟委，瞭如指掌，蓋可為證今之索引云。

《漢書·五行志》與《尚書·洪範》相表裏。《洪範》以庶徵為五事之應。伏生《五行傳》以五事分配五行，又以皇極與五事為六，又以五福六極分配之。《漢書·五行志》云："董仲舒治《公羊春秋》，始推陰陽。劉向治《穀梁春秋》，傳以《洪範》，與仲舒錯。至向子歆，治《左氏傳》，其《春秋》已乖矣，言《五行傳》又頗不同。"此如孟京之為《易外別傳》，而非本眞如此。故《伏生大傳》四十一篇，而《洪範》《五行傳》別出為書也。

宋儒蔡沈撰《洪範皇極內外篇》五卷，遠出《易乾鑿度》，近宗《皇極經世》，_{邵雍撰}又與劉向不同。劉向借五行而衍機祥，蔡沈衍九疇以明術數。

《尚書》之學，伏傳一變而鄭注，再變而孔傳，三變而《蔡傳》。伏生有大傳。_{文鄭注出綴輯。}_{古文孫星衍輯《尚書》馬鄭注十卷。焦循有《禹貢鄭注釋》三卷。}《古文尚書》孔安國傳十三卷，蔡沈《書集傳》六卷，皆全書存。唐孔穎達《尚書正義》二十卷，_{為孔傳作疏}宋史浩《尚書講義》二十卷，_{以注疏為主}黃度《尚書說》七卷，_{以孔傳為主}陳經《尚書詳解》五十卷，_{采取注疏參以新意}魏了翁《尚書要義》十七

---

❶ "源"當作"元"。——編者註

卷，摘注疏中胡士行《尚書詳解》十三卷，以孔傳為主而皆宗孔傳者也。元陳櫟《尚書集傳纂疏》六卷，采輯諸家董鼎《尚書輯錄纂注》六卷，以蔡傳為主陳師凱《書蔡傳旁通》六卷，名物典制補王天與《尚書纂傳》四十六卷，雖列注疏居前而朱祖義《尚書句解》十三卷，株守明胡廣等《書傳大全》十卷，勒陳櫟纂疏陳王樵《尚書日記》十六卷，以傳為主采清康熙欽定《書經傳說彙纂》二十四卷，亦主蔡傳而皆本蔡沈《書集傳》。其說原出朱子，而與朱子頗有異同。大抵南宋以前之說《書》者，多守孔傳，而南宋以後之說《書》者，咸本蔡學。逮於清代，有據蔡傳以攻孔傳者，如閻若璩《尚書古文疏證》，是也。有據孔傳以攻蔡傳者，如蕭山毛奇齡西河撰《尚書古文冤詞》八卷，是也。有據馬鄭而攻孔傳、蔡傳者，如江聲《尚書集注音疏》、孫星衍《尚書今古文注疏》、王鳴盛《尚書後案》，是也。然則《尚書》家當以鄭注、孔傳、蔡傳為三大宗矣。

《尚書》家，有訓詁名物，考證典制者，如唐孔穎達之《尚書正義》二十卷，宋林之奇《尚書全解》四十卷，元黃鎮成之《尚書通考》二十卷，陳師凱之《書蔡傳旁通》六卷，及清衡陽王夫之而農之《書經稗疏》四卷，是也。有議論得失，推究治亂者，如宋蘇軾之《東坡書傳》十三卷，黃度之《尚書說》七卷，是也。《尚書》古史，說者自以實事求是為宜，或訓詁名物，考證典制，或論議得失，推究治亂，皆《尚書》中應有之義也。顧亦有運實於虛，暢發心學者，如宋楊簡之《五誥解》四卷，袁燮之《絜齋家塾書鈔》十二卷，提撕本心，其傳原出陸九淵；是亦一大派。

殷虛甲骨者，遜清光緒戊戌己亥間，河南安陽縣西北五里之小屯，洹水厓岸，為水齧而崩，得龜甲牛骨，鐫古文字，所記皆殷先王室所卜祭祀、征伐、行幸、田獵之事；故殷先公先王及土地之名，所見甚衆。上虞羅振玉叔言撰《殷虛書契考釋》，兼及書契中所見之人名地名及制度典禮，審釋殷帝王名號。海寧王國維靜安纘成其業，成《殷卜辭中所見先公先王考續考》及《殷周制度論》各一卷，以甲骨文證補《尚書》，而治《尚書》者闢一新塗徑，為好事之所誦說。其尤得意者：商自成湯以前，絕無事實；《史記‧殷本紀》，惟據《世本》紀其世次而已，而《尚書》尤不概見。王氏於卜辭中發見王亥、王恆之名，復據《山海經》《竹書紀年》《楚辭問》《呂氏春秋》中之古代傳說，於荒誕之神話中，求歷史之事實，更由甲骨斷片中發見上甲以下六代之世系，與《史記》紀、表頗殊。又王氏之《殷周制度論》，從殷之祀典世系以證嫡庶之制始於周之初葉，由是對周之宗法、喪服及封子弟、尊王室之制，為有系統之說明，有裨於古史不鮮。瑞安孫詒讓仲容始治甲骨文，成《契文舉例》二卷，以《說文》董理甲骨。而以甲骨證補《尚書》，則成功於王國維。

卷六　詩

　　陸德明《經典釋文·敍錄》曰："魯人申公受詩於浮丘伯，以《詩經》為訓詁以教。無傳，疑者則闕不傳，號曰'魯詩'。"又稱："《毛詩》者，出自毛公。一云子夏傳曾申，申傳魏人李克，克傳魯人孟仲子，孟仲子傳根牟子，根牟子傳趙人孫卿子，孫卿子傳魯人大毛公，毛公為《詩故訓》傳於家，以授趙人小毛公。"而《漢書·楚元王傳》云："申公受詩於浮丘伯。伯者，孫卿門人也。"則是《魯詩》與《毛詩》俱出孫卿，而傳自子夏。《釋文》引沈重云："按《鄭詩譜》意，大序是子夏作，小序是子夏毛公合作。卜商意有不盡，毛更足成之。"《儀禮·鄉飲酒禮》賈公彥疏以"《南陔》，孝子相戒以養也"之類，是子夏序文；其下云"有其義而無其辭"，是毛公續序，與沈重足成之說同。大抵以為小序首句是子夏作也。觀蔡邕本治《魯詩》，而所作《獨斷》載《周頌》"《清廟》一章八句，洛邑既成，諸侯朝見，宗祀文王之所歌也；《維天之命》一章八句，告太平於文王之所歌也"云云；三十一篇之序，皆祇有首二句或三句與《毛詩序》義有詳略而大指略同。蓋《詩》自子夏五傳至孫卿，大毛公受之以授趙人小毛公，則為《毛詩》。浮丘伯受之以授魯人申公，則為《魯詩》。以師傳同門而異戶，故序指大同而小異也。_{采《四庫提要》}諸家所引《韓詩》，如"《關雎》，刺時也""《漢廣》，說人也""《汝墳》，辭家也""《芣苢》，傷夫有惡疾也""《黍離》，伯封作也""《蟋蟀》，刺奔女也""《溱》與《洧》，說人也""《雞鳴》，讒人也""《夫栘》，燕兄弟也""《伐木》，文王敬故也""《鼓鐘》，刺昭王也""《賓之初筵》，衛武公飲酒悔過也""《抑》，衛武公刺王室以自戒也""《假樂》，美宣王之德也""《雲漢》，宣王遭亂仰天也""《雨無極》，正大夫、刺幽王也""《四月》，歎征役也""《閟宮有侐》，公子奚斯作也""《那》，美襄公也"。文格皆與《毛詩序》首句一例。而《唐書·藝文志》稱："韓詩二十二卷，卜商序，韓嬰注。"是《韓詩》亦有序，其序亦出子夏也。顧《韓詩》遺說之可考見者，往往與《毛序》異。采《四庫提要》說《齊詩序》不可考。

說詩者不出宗序、攻序二派。唐孔穎達撰《毛詩正義》四十卷，成伯璵撰《毛詩指說》一卷，宋范處義撰《詩補傳》三十卷，呂祖謙撰《家塾讀詩記》三十二卷，呂氏此記以小序為主，博采諸家，存氏先列訓詁，後陳文義，剪裁貫串如出一手，後來說詩者多宗之。若論毛學，於孔疏外別自名家者，唯呂此記。林岊撰《毛詩講義》十二卷，嚴粲撰《詩輯》三十六卷，以呂氏《讀詩記》為主而雜采諸家以發明之。明李先芳撰《讀詩私記》二卷，以毛鄭為宗，參取呂氏《讀詩記》、嚴氏《詩輯》。朱謀㙔撰《詩故》十卷，清乾隆《御詩撰義折中》二十卷，以及吳江朱鶴齡長孺撰《詩經通義》十二卷，力駁廢序之說，以毛、鄭為主，唐用孔穎達疏，宋用歐陽修、蘇軾、呂祖謙、嚴粲、清川、陳啟源，博采眾家。陳啟源長發撰《毛詩稽古編》三十卷，訓詁主《爾雅》篇，義準小序，詮釋經旨則一準毛傳，佐以鄭箋，皆宗序者也。至宋朱子撰《詩集傳》八卷，其初稿亦用小序，及見鄭樵所作《詩辨妄》遂改從之，而攻小序。楊簡撰《慈湖詩傳》二十卷，亦不信小序，併《左傳》《爾雅》、鄭玄箋、陸德明釋文皆遭詆斥。輔廣撰《詩童子問》十卷，發明集傳，掊擊小序，更過朱子。朱鑑編《詩傳遺說》六卷，采朱子《文集》《語錄》論詩語，輯為此書，以為集傳參證。元劉瑾撰《詩傳通釋》二十卷，意在發明朱傳，而卜序之是非置不甚論。朱公遷撰《詩經疏義》二十卷，於朱《集傳》如毛故訓傳之有疏，故旧疏義。劉玉汝撰《詩纘緒》十八卷，纘朱《集傳》之緒而發明之。梁寅撰《詩演義》十五卷，演《集傳》之。明胡廣等撰《詩集傳大全》二十卷，襲劉瑾《通釋》而稍點竄成書。皆攻序者也。大抵唐以前，咸宗毛、鄭以用小序；而元明之際，則從朱傳以攻小序。而宋其轉關，其中亦有和氣平心，以意逆志，不宗序，亦不攻序者，則有宋歐陽修撰《毛詩本義》十六卷，_{自唐定五經正義以後，與毛、鄭立異同者自此書始，然修不曲徇毛、鄭，亦不詆毛、鄭也。}蘇轍撰《詩經傳》二十卷，王質撰《詩總聞》二十卷，戴溪續《呂氏家塾讀詩記》三卷，_{不墨守小序，與呂記小異。}明姚舜牧撰《詩疑問》十二卷，張次仲撰《待軒詩記》八卷，朱朝瑛撰《讀詩略記》六卷，清康熙欽定《詩經傳說彙纂》二十卷、序二卷，桐城錢澄之飲光撰《田間詩學》十二卷，長洲惠周惕元龍撰《詩說》三卷，江陰楊名時賓實撰《詩經劄說》一卷，會稽范家相蘅洲撰《詩瀋》二十卷，象山姜炳章石貞撰《詩序補義》二十四卷，常熟顧鎮備九撰《虞東學詩》十二卷，則又於宗序、攻序二派之外，各自名家者焉。

漢興，魯申公為《詩訓故》，而齊轅固、燕韓嬰皆為之傳。《韓詩》今存《外傳》十卷，齊魯詩亡，獨《毛詩故訓傳》存。鄭箋宗毛而有不同。毛傳不破字，而鄭箋多破字。又有從韓魯說者，如《唐風》"素衣朱襮"以繡黼為綃黼，《十月之交》為厲王詩，《皇矣》侵阮、徂、共為三國名，皆從《魯詩》。《衡門》"可以樂飢"，以樂為療；《十月之交》"抑此皇父"，抑讀為意；《思齊》"古之人無斁"，斁作擇；《泮水》"狄彼東南"，狄作鬄；皆《韓詩》說。詳見陳啟源《毛詩稽古編》。《漢書》玄本傳稱："從東郡張恭祖受《韓詩》。"《六藝論》云："注詩宗毛為主。毛義若隱略，則更表明；如有不同，即下己意。""下己意"者，即不拘於毛而旁采韓、魯詩說也。孔穎達《毛詩正義》以劉焯《毛詩義疏》、劉炫《毛詩述義》稿本，故能融貫羣言，包羅古義；雖或過於護鄭，且有強毛合鄭之處，而名物訓詁極其該洽。朱子《集傳》於名物訓詁，亦采孔疏者為多。陳氏說："毛傳簡約，鄭箋多紆曲，而朱《傳》解經，務使文從字順。此經有毛傳、鄭箋，必當有朱《傳》也。"元延祐科舉法，《詩》用朱子《集傳》而毛傳幾廢。清儒治漢學，始尊毛而攻朱；

晚清尚西漢，今文家又尊齊、魯、韓三家而攻毛。獨長洲陳奐碩甫撰《毛詩傳疏》三十卷，專為《毛詩》一家之學。先是，金壇段玉裁若膺撰《毛詩故訓傳定本》三十卷，正譌補奪，申毛說而不主鄭箋。奐為其高弟，本師說以作疏而有不同；精深博大，遠在段氏《定本》及桐城馬瑞辰元伯所撰《毛詩傳箋通釋》三十二卷、涇縣胡承珙墨莊所撰《毛詩後箋》三十卷之上。<small>《魯頌·泮水》而 後，陳奐所編</small>毛詩之有陳奐，猶虞《易》之有張惠言矣。齊、魯、韓三家詩早亡，宋王應麟始掇拾殘賸，輯《三家詩考》三卷；至清乾隆之世，范家相補苴罅漏，成《三家詩拾遺》十卷。然猶不如後來侯官陳壽祺恭甫所輯《三家詩遺說考》十五卷之尤該備。特是功在輯逸，而罕所發明。至邵陽魏源默深撰《古詩微》二十二卷，於《三家詩》有發明；而又好為臆說，未能篤守古義。然學者入手，先讀二陳及魏書，可以知《詩》今古之大概矣。

言《詩》之名物、訓詁者，以吳陸璣撰《毛詩草木鳥獸蟲魚疏》二卷為最近古，其後宋有蔡卞撰《毛詩名物解》二十卷，<small>所徵引頗有 出於陸璣書外者</small>元有許謙撰《詩集傳名物鈔》八卷，<small>宗朱子而不為墨守 采陸氏釋文、孔氏正義</small>梁益撰《詩傳旁通》十五卷，<small>以朱《集傳》名物、訓詁多 所未詳，乃仿孔、賈作疏</small>明有馮應京撰《六家詩名物疏》五十四卷，<small>六家者，齊、魯、韓、毛、鄭、 朱也。因蔡卞之疏而廣徵之</small>清有衡陽王夫之而農撰《詩經稗疏》四卷，常熟毛晉子晉撰《毛詩陸疏廣要》三卷，<small>因陸璣之疏 為之注釋</small>錢唐姚炳彥暉撰《詩識名解》十五卷，<small>以《詩》中鳥獸草木分 列四門，故以多識為名</small>無錫顧棟高震滄撰《毛詩類釋》二十一卷、《續編》三卷。自宋蔡卞以來，皆因璣書而輾轉增損者也。古今名物不同，未易折衷一是。然不知睢鳩為何物，則不能辨摯而有別，言摯至與言鷙猛之孰優；不知苤苢為何草，則不能定毛與三家樂有子與傷惡疾之孰是。多識草木鳥獸，乃足以徵《詩》義。三家既亡，獨《毛詩故訓傳》存。毛公之學，稱出子夏，張揖進《廣雅表》

云："周公著《爾雅》一篇，今俗所傳三篇。或言仲尼所增，或言子夏所益。"據此則《毛詩》與《爾雅》同淵源於子夏。《爾雅》之釋草、釋木、釋鳥、釋獸，與毛傳略同。錢大昕《潛研堂集答問》中有一條曰："毛公所見《爾雅》勝於今本，如草木魚蟲增加偏旁，多出於漢以後經師；而毛公猶多存古。"陳奐作《詩毛氏傳疏》，凡聲音訓詁之用，天地山川之大，宮室衣服制度之精，鳥獸草木蟲魚之細，初做《爾雅》篇作義類；以為毛公之作《詩故訓傳》，傳義有具於《爾雅》，有不具於《爾雅》。動植物學今方講明，宜考《爾雅》以徵毛傳，參以圖說，實以目驗，審定古之何物為今之何物；非但取明經義，亦深有裨實用，未可以其瑣而忽之也。

卷七　周　禮

　　《周官》晚出，疑之者以為劉歆偽作。然蕭山毛奇齡大可《周禮問》曰："歆能偽作《周禮》，不能造為《周禮》出處、蹤蹟以欺當世。假使河間獻王不獻《周禮》，成帝不使向校理《周禮》，歆可造此諸事以欺同朝諸臣乎？且《景十三王傳》云：'獻王所獻，皆古文先秦舊書《周官》《尚書》《禮記》《孟子》《老子》之屬，皆經傳說記。'言有經，即有傳與說記也。此必非歆可預造其語者。乃考之《藝文》所志，在當時所有之書，則實有《周官經》六篇，《周官記》四篇。此班氏所目覩也。此必非襲劉歆語也。"江都汪中容甫有《周官徵文》凡六事，語見《述學》；陳氏引而申之，以為："足徵《周禮》是周室典制，但無以見其必為周公所作耳。鄭君知《周禮》為周公以致太平之迹，以《周禮》之中，實有周公之制也。"可謂得實之論。而毛氏《周禮問》亦謂："《周禮》斷斷非周公所作，然周制全亡，所賴以略見大意；而其為周制，則尚居十七。"與陳意同。獨瑞安孫詒讓仲容序《周禮正則》謂《周禮》周公作，而非特周一代之典。蓋恢廓而言之，以為："周公成文武之志，光輔成王，宅中作雒，爰述官政以垂成憲；有周一代之典，炳然大備，然非徒周一代之典也。蓋自黃帝、顓頊以來，紀於民事以命官；更歷八代，斟酌損益，以集於文武。其經世大法，咸萃於是，故雖古籍淪佚，百不存一，而其政典沿革，約略可考。如《虞書》

羲和四子為六官之權輿,《甘誓》六卿為夏法;《曲禮》六大五官,鄭君以為殷制;咸與此經多相附會。是職名之本於古也。至其閎章縟典,并包遠古,則如五禮六樂、三兆三易之屬,咸肇端於五帝,而放於二王。以逮職方州服,兼綜四朝;太史歲年,統貽三統。若斯之類,不可殫舉。蓋鴻荒以降,文明日啟,其為治靡不始於龎楒,而漸進於精詳。此經上承百王,集其善而革其弊,蓋尤其精詳之至者,故其治躋於純太平之域。作者之聖,述者之明,蟠際天地,經緯萬端;究其條緒,咸有原本,是豈皆周公所臆定而手剙之哉?此經在西周盛時,蓋百官府咸分秉其官法,以為司存;而太宰執其總會,司會天府太史藏其副貳。成康既沒,昭夷失德,陵遲以極於幽厲之亂;平之東遷,而周公之大經良法,蕩滅殆盡。然其典冊散在官府者,世或猶遵守勿替。雖更七雄去籍之后,而齊威王將司馬穰苴尚推明《司馬法》為兵家職志,魏文侯樂人竇公猶裒《大司樂》一經於兵火喪亂之餘。他如朝事之儀,大行之贊,述於大小戴《記》;職方之篇,列於《周書》者,咸其支流之未盡澌滅者也。"特是"周禮"非古名,《史記·封禪書》云:"上與公卿諸生議封禪,羣儒采封禪《尚書·周官·王制》之望祀射牛事。"《漢書·藝文志》云:"河間獻王與毛生等共采《周官》及諸子言樂事者,以作《樂記》。"《景十三王傳》亦言"獻王所獻,皆古文先秦舊書《周官》"云云。皆以"周官"為言,而不云"周禮"。荀悅《漢紀》曰:"劉歆奏請《周官》六篇列之於經,為《周禮》。"陸德明《經典釋文·序錄》曰:"劉歆始建立《周官》經以為《周禮》。"則是"周禮"之名,起於劉歆,而非《周禮》之書,起於劉歆也。

桐城方苞望溪著《周官辨》十篇,指《周官》之文為劉歆竄改,以媚王莽;證以《漢書》莽傳事蹟,辭極辨覈。而其縣人姚範南菁《援鶉堂文集》中《復某公書》極言送難，大指以為："《周官》自孝武時已出。平帝元始之間，歆勸莽立博士，其書布在中外久矣，歆不能隱挾而更竄之也。且歆待莽行一事而後，岌岌私竄之耶？抑預卜數年後莽必行是令，民必犯是法，而先著於經，使其事相類，令天下知莽所行，一無悖於《周官》之舊，何其迂曲而鮮通也？莽行十一之法，其增賦無明文。近郊十一，遠郊二十而三，甸稍縣都無過十二，悉虛擬而預增之，何哉？且九錫之事，莽所汲汲者，而《周官》無之；九百二人，但云《周官》《禮記》宜於今者，為九命之錫；歆在當時，何不以所云九錫者竄入而張大之乎？莽畏備臣下，以宦者領帑藏錢穀，並典吏民封事，此豈出《周官》耶？竊謂《周官》之書，周之制度存焉。中更春秋戰國，或儒生述造，更竄不一。如云出元公手定之書，完好如後世剞劂篇籍，誰其信之？"則是謂《周官》一書，存周之制度，而不出周公手定，亦與陳氏意同。

　　鄭玄注《周禮》，發凡起例；籀其大義，曰補、曰詁補者，補經義之所未發也。其法有三，陳氏所謂："《周禮》有隱略而尚可考見者，後鄭則引證以明之；若無存而可見者，則約而知之；又有推次之法。""推次"者，推甲以知乙也；"引證"者，引彼以證此也。而"約而知"者，則約他經之所見，而解此經之所不言也。三者，皆所以補經也。詁者，詁經言之所難曉也。詁者，古也，從言古聲，為以今言解古言也。漢人之詁經言也，或言讀如、讀若，或言讀為、讀曰。讀如、讀若者，擬其音也；古無反語，故為比方之詞。讀為、讀曰者，易其字也；易之以音相近之字，故為變代之詞。段玉裁《周禮漢讀考·序》古語則以後世之語通之；古官古事，則以後世之官、後世之事況之。賈公彥疏所謂"舉今以曉古"者，其義一也。古地理亦以今地名釋之，此之謂詁。詁者，以今言解古言也，例證不具詳。

鄭玄注《周禮》，以漢制況周制。賈公彥疏用鄭注之法，以唐制況周制。而陳氏遂推極言之，以為："讀《周易》，當讀《大清會典》及歷代《職官表》。凡今有而古無，古有而今無，與名同而實異，實同而名異者，詳為考證；以清官清制況周官周制。"至孫詒讓治《周禮》，更恢廓其意，以為："中國開化數千年，而文明之盛莫尚於周，故《周禮》一經，政法之精詳，與今泰西所以致富強者，若合符契。然則華盛頓、拿破崙、盧梭、斯密·亞丹之倫，所經營而講貫，今人所指為西政之最新者，吾二千年之舊政已發其端。"遂捃摭其與西政合者，甄緝之，成《周禮政要》二卷，都四十篇，以歐政歐制況周制；然後知"其或繼周，百世可知"，孔子之言，不吾欺也。

王應麟《困學紀聞》、顧炎武《日知錄》皆以[1]："閽人寺人屬於冢宰，則內廷無亂政之人；九嬪世婦屬於冢宰，則後宮無盛色之事。自漢以來，惟諸葛孔明宮中府中俱為一體，為得其意。"陳氏引之以為周公致太平之迹，此其犖犖大者，然不如孫詒讓序《周禮正義》。權其大較，要不越政、教二科："政則自典法刑禮諸大端，凡王后世子燕游羞服之細，嬪御閨閣之昵，咸隸於治官。宮府一體，天子不以自私也。而若國危、國遷、立君等非常大故，無不曲為之制，預為之防。三詢之朝，自卿大夫以逮萬民，咸造在王庭，與決大議。又有匡人、撢人、大小行人、掌交之屬，巡行邦國，通上下之志；而小行人獻五物之書，王以周知天下之故。大司寇、太僕，樹肺石，建路鼓，以達窮邊。誦訓，士訓。夾王車，道圖志，以詔

---

[1] 疑闕一"為"字。——編者註

觀事辨物，所以宣上德而通下情者，無所不至。君民上下之間，若會四肢百脈而達於胸，亡或離闋而弗邕也。其為教則國有大學小學，自王世子、公卿大夫士之子，暨夫邦國所貢、鄉遂所進賢能之士，咸造焉。旁及宿衛士、庶子、六軍之士，亦皆作輩學，以德行、道藝相切劇。鄉遂則有鄉學六、州學三十、黨學百有五十，遂之屬別如鄉，蓋郊甸之內。距王城不過二百里，其為學辜較已三百七十有奇；而郊里及甸公邑之學，尚不與此數。推之鄗縣疉之公邑、采邑，遠及於畿外邦國，其學蓋十百倍蓰於是，亡慮大萬數。九州之內，意當有學數萬；信乎教典之詳，殆莫能尚已。其政教之備如是，故以四海之大，亡不受職之民，亡不造學之士；不學而亡職者，則有罷民之刑。賢秀挾其才能，愚賤貢其忱悃，咸得自通於上；於以致純太平之治，豈偶然哉？今泰西之強國，其為治非嘗稽覈於周公、成王之法典也，而其所為政教者，務博議而廣學；以暨通道路，嚴追胥，化土物卝之屬，咸與此經冥符而遙契。蓋政教修明，則以致富強，若操左契；固寰宇之通理，放之四海而皆準者。自勝衣就傅，先太僕君（聲衣）即授以此經，而以海疆多故，世變日亟，瞻懷時局，撫卷增喟。私念今之大患，在於政教未修，而上下之情暌閡不能相通。故民痡而失職，則治生之計陋隘，而譎觚干紀者眾，士不知學，則無應事偶變、效忠厲節，而世常有乏才之憾。夫舍政教而議富強，是猶泛絕潢斷港而蘄至於海也。然則處今日而論治，宜莫若求其道於此經。而承學之士，顧徒奉周經漢注為考證之屑楖，幾何而不以為巳陳之芻狗乎？既寫定，輒略刾舉其可勘今而振敝。一二犖犖大者，用示櫫揭，俾知為治之迹，古今不相襲，而政教則固百世以俟聖人而不惑者。"大言炎炎，閎意眇指，括囊靡遺矣。近儒言《周禮》者，當推武進莊存與方耕所撰《周官記》五卷、《周官說》二

卷七　周禮

卷，與孫氏《正義》為宏通博雅可觀覽。莊氏病《周官禮經》六篇《冬官司空》獨亡，以為周家制度，莫備於《周官》。《周官》式法根柢，皆在《冬官》；《冬官》存，舉而錯之天下無難也。欲為《冬官》補亡，而闕失不可理；遂原本經籍，博采傳記、諸子，為《周官記》五卷，於《冢宰記》著官府，於《司徒記》表均土分民之法，於《司馬記》補其闕文；無《宗伯司寇記》；於《司空記》則為擬補其文，而特加《冬官》之目以別異諸篇；別有《司空記》一篇，則采攝周秦之書備材於事典云爾。自為之序以見大意，於建邦之綱紀、法度，舉凡郊壇、宗社、明堂、辟雍之兆位，朝市、宅里、倉廩、廄庫之營建，律度、量衡、器用、財賄之法制，分州定域、度山量水、治地辨土、任民飭土、尚農審時之大經，以及營衞、車輦、道路、舟梁之細務，靡不該舉。蓋將通貫六官以陳一官之典，括囊羣籍以觀一經之通焉。次復采經中大典，如郊廟、族屬之類，原本鄭氏，又徧覽古人所論列者，件繫而折衷之，為《周官說》二卷，合《記》凡七卷。而孫氏《正義》則以《爾雅》《說文》正其詁訓，以《禮經》大小戴《記》證其制度，研闡累載，博采漢唐宋以來迄於乾嘉諸經儒，舊詁異誼，參互證繹，以發鄭注之閎奧，裨賈疏之遺闕。以視莊氏，一為顓經之家，一為通人之作；一精詳，一閎侈；又有間矣。

《周禮》衆家，有考典制以明訓詁者，漢鄭玄、唐賈公彥《周禮注疏》四十二卷為其淵海；而清有吳縣惠士奇天牧撰《禮說》十四卷，_{於古音古字多所分別、疏通，於周制及鄭注所云漢制皆旁引經史考求源委}吳江沈彤果堂撰《周官祿田考》三卷，_{因歐陽修有《周禮》官多田少、祿且不給之說，故詳究周制以與之辨凡《官爵數》《公田數》《祿田數》三篇積算特為精密}婺源江永愼修撰《周禮疑義舉要》七卷，_{融會鄭注、參以新說，多所闡發}及莊存與《周官記》五卷、《周官說》二卷，足相羽翼；而孫詒讓《周禮正義》集其大成焉。有闡義理以談經制者。宋王安石撰《周禮新義》十六卷，開其先河；而王昭禹撰《周禮詳解》四十卷，易祓撰《周官總義》三十卷，王與之撰《周禮訂義》八十卷，清安溪李光坡耦卿撰《周禮述註》二十四卷，胥相發明；而孫詒讓《周禮政要》挈其綱要焉。然竊以為《周禮》經制，纖悉委備，可以治國，而不可以平天下。故用之於列國並建之世，則綱目畢張，而以治強，姬旦、宇文周是也。<small>管仲治齊、商君治秦以及近世英法德之強亦皆得其意</small>施之於一統無事之日，則官民交困，而以崩亂，新莽、王安石是也。大抵治國之法，蘄於臂使指聯，大小相維，而欲以集事。平天下之政，又貴政簡刑清，綱目疏闊，而安於無事。《大學》一書，於國言治，於天下言平。治貴有制，平蘄無治。《周禮》者，治國之制，而非所以平天下之道也。此意恐非經生所知。而輓近世，太平天國用之以敗江南，閻錫山用之以敗山西。詛誦未已，覆轍又尋；我瞻四方，蹙蹙靡騁。

方苞作《周官辨》，證以《漢書·王莽傳》，以為出於劉歆偽託以佐新莽。質言之，卽新莽之託古改制也。至輓近世，南海康有為益推衍其義，以為一切古文經皆偽，皆出於劉歆；著《新學偽經考》。偽經者，謂古文《周禮》《逸禮》《左傳》及《詩》之毛傳，凡西漢末，劉歆所力爭立博士者也。新學者，謂新莽之學。時清儒誦法許、鄭者，自號曰漢學。有為以為許、鄭古學，推本劉歆，可謂之為新代之學，而非漢代之學，故正名焉，而諱其本於方氏。

卷八 儀 禮

自韓文公以為《儀禮》難讀，而陳氏因古人已成之書，籀其讀法，約以三事：一曰分節；二曰繪圖；三曰釋例。分節者，自朱子《儀禮經傳通解》釐析經文，每一節截斷，後一行題云右某事，使讀之者心目俱朗。至清儒濟陽張爾岐稷若撰《儀禮鄭注句讀》十七卷，寧鄉王文清九溪撰《儀禮分節句讀》十七卷，仁和吳廷華中林撰《儀禮章句》十七卷，而吳氏章句後出為密。其書以張爾岐《句讀》墨守鄭注、王文清《句讀》箋注太略，遂折衷先儒以補未逮云。繪圖者，宋楊復以《儀禮》十七篇各詳其陳設之方位，為圖二百有五，凡十七卷。至清儒武進張惠言皋文成《儀禮圖》六卷，因楊圖而加詳密。釋例者，清儒婺源江永慎修撰《儀禮釋例》一卷，歙縣凌廷堪次仲撰《禮經釋例》十三卷。而凌氏《釋例》後出為密。陳氏每欲取《儀禮》經文，依吳中林章句分節寫之；每一節後，寫張皋文之圖，又以凌次仲《釋例》分寫於經文各句下；名曰《儀禮三書合鈔》，如此則《儀禮》真不難讀矣。惜乎為之而未成也。既明禮文，尤當明禮意。十七篇中冠婚喪祭諸篇為要；蓋古今同有之禮，倍宜鑽研，此陳氏之大指也。

鄭玄注《儀禮》，禮家所宗。而有發問送難者。元敖繼公撰《儀禮集說》十七卷，自序稱：「鄭康成注，疵多而醇少；刪其不合於經者。」而清儒則有歙縣程瑤田易疇撰《儀禮喪服文足徵記》十卷，中如《喪服緦麻》章末"長殤中殤降一等"四句，鄭氏以為傳文；《不杖期》章"惟子不報"傳文，"公妾以及士妾為其父母"傳文，鄭氏以為失誤；《大功》章"大夫之妾，為君之庶子女子子嫁者，未嫁者，為世父母，叔父母，姑姊妹"，舊讀以"大夫之妾"為建首，下二"為"字皆貫之，鄭氏謂"女子"別起貫下，斥傳文為不辭。皆一一援據經史，疏通證明，以規鄭氏之失。若與敖繼公同指，特程氏顯為褒彈，語多峻厲；而敖繼公則含而不露，於鄭注之中錄其所取，而不攻駁所不取，巧為立言，若無意於排擊者。此其較也。

敖繼公撰《儀禮集說》以破鄭注，而清儒長洲諸[1]寅亮摺升又撰《儀禮管見》四卷，以駁敖說，謂："其說有不通，甚且改竄經文，以曲就其義。"貫串全經，疏通證明。而嘉定錢大昕莘楣序其書，於敖改、褚駁之處，頗能挈其綱要云：褚寅亮《儀禮管見》，申鄭以難敖；而績溪胡培翬竹邨撰《儀禮正義》四十卷，則又申鄭而不為墨守，雖敖氏說，亦所平心持擇。自述纂例，大端有四：曰補注，補鄭君注所未備也；曰申注，申鄭君注義也；曰附注。近儒所說雖異，鄭注義可旁通，附而存之；廣異聞，佐專己也。曰訂注。鄭君注義，偶有違失，詳為辨正，別是非，明折衷也。精覈博綜，誠為絕學。惟其訂注義諸條，時或義短於鄭；欲為高密諍友，而不免蠹生於木、還食於木之譏，此固其一短。書未成而卒。其卷三《士昏禮》篇及卷五至卷七《鄉飲酒禮》篇，卷八至卷十《鄉射禮》篇，卷十一、卷十二《燕禮篇》，卷十三至卷十五《大射儀》篇，皆其弟子江寧楊大堉雅掄所補者也。昔賈公彥為鄭玄作疏，《喪服》

[1] 當作"褚"。——編者註

經傳而外，所據者僅齊黃慶、隋李孟悊二家。至清秀水盛世佐庸三撰《儀禮集編》四十卷，裒合古今說《儀禮》者一百九十七家。今覈《胡氏正義》，增多盛氏《集編》者，又幾及二百家；而楊大堉之所補者，則附益《集編》以為藍本，蓋不免續貂之譏云。

余讀鄞縣萬斯大充宗撰《儀禮商》二卷，取十七篇；篇為之說，頗有新義，而勇於疑古。前有仁和應撝謙潛齋一序，稱："喜其覃思，而嫌其自用。"亦篤論也。竊按《三禮》之學，有抉發經疑，別自名家者，莫如桐城方苞望溪；所著自《周官辨》十篇而外，有《儀禮析疑》十七卷，《禮記析疑》四十六卷。其說皆融會舊文，斷以己意，而不斷斷於信而好古。苞之學，源出宋人；文章衍曾南豐之一派，而說經則得朱新安之一體。<small>朱子疑《尚書》古文刊《大學》《孝經》，疑古改經。此其假落。再傳而為王柏，乃擯書疑詩疑</small>勇於自信，改經疑古，而出於疏證，不為苟同。其著《周官辨》，指《周官》之文為劉歆竄改以媚王莽，證以《漢書》莽傳事蹟，歷指某節某句，為歆所增；言之鑿鑿，如目睹其筆削者，自以為學力既深，鑑別真偽，發千古之所未言。輓清自南海康有為以下，襲其緒餘，遂肆倡狂以得大名，而又故示偃蹇，菲薄桐城；盜憎主人，甚可笑也。然苞之經學，其塗轍實自萬氏啟之。先嘗問業斯大之弟斯同季野。斯大考辨古禮，頗多新說，所著書於《儀禮商》之外，有《學禮質疑》二卷，《周官辨非》二卷；學本淹通，用思尤銳，其合處往往發前人所未發。蓋方苞之學所自昉云。因附記之於此。

卷九　禮　記

　　按《禮記》四十九篇，有記禮，有記言。記禮之文，與《禮記》❶相經緯；記言之文，與《論語》相表裏。記禮之文，凡宏綱闊目，著《儀禮》者，則為解釋之體；而細事瑣文，不見明文者，則為然疑之辭。如《郊特牲》"冠義"一節，孔穎達疏："以《儀禮》有《士冠禮》正篇，此說其義。下篇有'燕義''昏義'，與此同。""鄉飲酒義"孔穎達疏："《儀禮》有其事，此記釋其義。""聘義"孔穎達疏："此篇總明聘義，各顯聘禮之經於上，以義釋之於下。"此宏綱闊目，著見《儀禮》，而為解釋之文者也。《檀弓》云："大功廢業，或曰大功誦，可也。"又"小斂之奠，或云東方，或云西方。""同母異父昆弟，魯人或云為之齊衰，或云大功。"《深衣》"古者深衣，蓋有制度。"孔穎達疏："言蓋者，疑辭也。"如此之類，作記者時代在後；其述古事，述古制，述舊說，疑以傳疑，而為不定之辭，蓋其慎也。此細事瑣文，不見明文，而為然疑之辭者也。記言之文，或如《論語》而記"子曰"之直言，《坊記》《表記》《緇衣》，是也；或倣《孝經》而為主客之對揚，《禮運》《儒行》《哀公問》《仲尼燕居》《孔子閒居》，是也。而要於根本仁義，揆敘萬類，聖人垂教，弟子所記，《論語》之外篇，五經之錧鎋也。

　　何謂禮？《仲尼燕居》云："子曰：禮也者，理也。"《樂記》

---

❶ 據下文疑為"《儀禮》"之誤。——編者註

云：“禮者，理之不可易者也。”自古記禮者，多致謹於度數節文之末，如十七篇是也。獨四十九篇發其理之不可易，而不斷斷於度數儀文。綱紀萬事，琱琢六情，傳自遊夏，訖於秦漢，歧途詭說，紛紜多端；於是博物通人，知今溫故，考前代之憲章，參當時之得失，俱以所見，各記舊聞，綜錯鳩聚，以類相附；《禮記》之目，於是乎在。其傳疑出於荀卿，尤可徵見者：《三年問》全出《荀子·禮論篇》；《樂記》"鄉飲酒義"所引，俱出《樂論篇》；《聘義》子貢問貴玉賤珉，亦與《德行篇》大同。此篇章之相襲，可證者一也。所謂不可易者何也？曰：“稱情而立文，因以飾羣，別親疏貴賤之節，而不可損益也。”用《荀子·禮論》《禮記·三年問》文 所謂"飾羣，別親疏貴賤之節"者，《曲禮》云：“禮者，所以定親疏，決嫌疑，別異同，明是非也。”而荀子則詳申其指曰：“人生而有欲。欲而不得，則不能無求；求而無度量分界，則不能不爭。爭則亂，亂則窮。先王惡其亂也，故制禮義以分之，以養人之欲，給人之求；使欲必不窮乎物，物必不屈於欲。兩者相持而長，是禮之所起也。故禮者，養也。君子既得其養，又好其別。曷謂別？曰：貴賤有等，長幼有差，貧富輕重皆有稱者也。”《禮論篇》"天下害生縱欲，欲惡同物；欲多而物寡，寡則必爭矣。離居不相待則窮，羣而無分則爭。窮者，患也；爭者，禍也。救患除禍，則莫若明分使羣矣。"《富國篇》 此明分以使羣，大義之相發，可徵者二也。“道德仁義，非禮不成。”亦見《曲禮》。而《荀子·勸學》則曰：“禮者，法之大分，羣類之綱紀也。故學至於禮而止矣。夫是之謂道德之極。將原先王，本仁義，則禮正其經緯蹊逕也。”此隆禮以修道，大義之相通，可徵者又一也。《禮運》曰：“禮也者，義之實也。協諸義而協，則禮雖先王未之有，可以義起也。”《郊特牲》曰：“禮之所尊，尊其義也。失其義，陳其數，祝史之事也。故其數可陳,其義難知也。知其義而謹守之,天子之所以治天下也。"此記者明言禮之所尊,在義不在數,其誼亦同《荀子》。《荀子·勸學》曰:"學惡乎始?惡乎終?曰:其數則始乎誦經,終乎讀禮;其義則始乎為士,終乎為聖人。真積力久則入學,至沒而後止也。故學數有終,若其義則不可須臾舍也。為之,人也;舍之;禽獸也。"又《榮辱篇》曰:"循法,則度量刑辟圖籍,不知其義;謹守其數,慎不敢損益也。父子相傳,以持王公。是故三代雖亡,治法猶存。是官人百吏之所以取祿秩。"曰"官人百吏之所以取祿秩",明非"天子之所以治天下"。此尊義以後數,大義之相通,可徵者四也。《儀禮》所陳之數,《禮記》多明其義。朱子心知其意,《答潘恭叔書》云:"《禮記》須與《儀禮》參通修作一書,乃可觀。"《乞修三禮劄子》云:"以《儀禮》為經,而取《禮記》及諸經史雜書所載有及於禮者,皆以附於本經之下;具列注疏諸儒之說。"劄子乃不果上。晚年,竟本此意修成《儀禮經傳通解》三十七卷。《答應仁仲書》:"前賢常思《儀禮》難讀。以今觀之,只是經不分章,記不隨經,而注疏各為一書,故使讀者不能遽曉。今定此本,盡去此諸弊,恨不得令韓文公見之也。"得意可想。至清婺源江永慎修撰《禮書綱目》八十五卷,依倣朱子《經傳通解》,而融貫羣經,考證益詳,釐正發明,足補朱子所未備。其《自序》稱:"裒集經傳,欲其該備而無遺;釐析篇章,欲其有條而不紊。"讀禮者可由此入門,然《禮記》四十九篇,亦有不為《儀禮》作傳而說其義者。大抵《儀禮》之十七篇,禮家之今文學也;《周官》六篇,禮家之古文學也。《禮記》四十九篇,非一手所成,或同今文或同古文。《王制》多同《公羊》《穀梁》。《冠義》《昏義》《鄉飲酒義》《射儀》《燕儀》《聘義》《喪服四制》《問喪》《祭義》《祭統》諸篇，皆《儀禮》十七篇之傳，為今文說。而《玉藻》為古《周禮》說，《曲禮》《檀弓》《雜記》為古《春秋左氏》說，《祭法》為古《國語》說，皆古文說。則今古學糅者也，善化皮錫瑞鹿門說。見《禮經通論》而《周官》可以明《左氏》，《王制》則以說《公羊》；以《王制》為今學大宗，比《周官》為古文大宗云。

《禮記》四十九篇，據鄭玄《目錄》，考之於劉向《別錄》，以類相從。屬制度者六：《曲禮》上下、《王制》《禮器》《少儀》《深衣》，是也。屬通論者十六：《檀弓》上下、《禮運》《玉藻》《大傳》《學記》《經解》《哀公問》《仲尼燕居》《孔子閒居》《坊記》《中庸》《表記》《緇衣》《儒行》《大學》，是也。屬《喪服》者十一：《曾子問》《喪服小記》《雜記》上下、《喪大記》《奔喪》《問喪》《服問》《閒傳》《三年問》《喪服四制》，是也。屬世子法者一：《文王世子》，是也。屬子法者一：《內則》，是也。屬祭祀者四：《郊特牲》《祭法》《祭義》《祭統》，是也。屬樂記者一：《樂記》，是也。屬吉事者六：《投壺》《冠義》《昏義》《鄉飲酒義》《燕義》《聘義》，是也。蓋其目次之大凡如是。而《唐書·魏徵傳》則曰："嘗以小戴《禮》綜彙不倫，更作《類禮》二十篇。太宗美其書，錄置內府。"《諫錄》載詔曰"以類相從，別為篇第，文義粲然。"《唐書·儒學·元行沖傳》載："玄宗時，魏光乘請用魏徵《類禮》列於經。帝命行沖與諸儒集義作疏為五十篇。於是右丞相張說建言：'魏孫炎始因舊書摘類相比，至徵更加整次，乃為訓註。'"則是魏徵《類禮》迺因孫炎書者也。朱子惜不之見。迨元吳澄撰有《禮記纂言》三十六卷，其書每卷為一篇，亦魏徵《類禮》之屬也。大抵以戴《記》經文龐雜，疑多錯簡，故每一篇中，其文皆以類相從，俾上下文意義，聯屬貫通，而識其章句於左。其

51

三十六篇次第亦以類相從。曰通禮者九：《曲禮》《內則》《少儀》《玉藻》，通記大小儀文，而《深衣》附焉；《月令》《王制》，專記國家制度，而《文王世子》《明堂位》附焉。曰喪禮者十有一：《喪大記》《雜記》《喪服小記》《服問》《檀弓》《曾子問》六篇記喪，而《大傳》《間傳》《問喪》《三年問》《喪服四制》五篇，則喪之義也。曰祭禮者四：《祭法》一篇記祭，而《郊特牲》《祭義》《祭統》三篇，則祭之義也。曰通論者十有二：《禮運》《禮器》《經解》一類；《哀公問》《仲尼燕居》《孔子閒居》一類；《坊記》《表記》《緇衣》一類；《儒行》自為一類。《學記》《樂記》，其文雅馴，非諸篇比，則以為是書之終。他如《大學》《中庸》，依程、朱別為一書。《投壺》《奔喪》，歸於《儀禮》。《冠儀》等六篇，別輯為《儀禮傳》，虞集稱其始終先後，最為精密，推重甚至。惟其篇次之類，縱或與劉向有出入。然劉向類次亦有可議，特其中有可說而不必易次者，有不可說而必更從者。陳氏謂：“'別錄以《曲禮》《少儀》屬制度，《內則》屬子法。'澧按，《曲禮》凡為人子之禮數節，正可謂子之法也；而屬制度者，蓋以《少儀》為況也。鄭《目錄》云：'名曰少儀者，以其記相見及薦羞之小威儀。少，猶小也。'澧按，《曲禮》多小威儀，與《少儀》同一類。至天子建天官，天子當依而立，諸侯見天子之類，則非小威儀而已，同屬制度而有不同矣。”此可說者也。又曰：“《王制》《禮器》《深衣》三篇，《別錄》屬制度。《王制》篇首所記，與孟子答北宮錡之說略同。此為周室班爵祿之制，信而有徵。《王制》記大制度，《深衣》但記一衣。以其云：'古者深衣，蓋有制度。'故亦屬制度耳。”此亦可說者也。又曰：“《月令》《明堂位》，《別錄》皆屬明堂陰陽記，其實皆制度之類。《漢書·藝文志》有《明堂陰陽》三十三篇，班氏自注云：'古明堂之遺。又有《明堂陰陽說》五篇。'蓋明堂陰陽，在禮家內自為一家之學，故《別錄》於制度之外，又分出此一類也。"此亦可說者也。至謂《禮器》當屬通論，《別錄》屬制度；《玉藻》當屬制度，《別錄》屬通論；皆非其類也。此不可說而必更從者也。惟《禮記》分類，昉於《別錄》；而《禮記》必分類讀，則用志不紛，易得門徑。陳氏所論，故為不易耳。

卷十　春秋·上

　　論《春秋》三傳之淵源者，莫析於馬、班。《史記·十二諸侯年表·序》曰："孔子明王道，干七十餘君，莫能用，故西觀周室，論史記舊聞興於魯而次《春秋》。上記隱，下至哀之獲麟，其辭文；去其煩重以制義法，王道備，人事浹。七十子之徒，口授其傳指，為有所刺譏褒諱貶損之文辭也，不可以書見也。魯君子左丘明懼弟子人人異端，各安其意，失其眞，故因孔子史記，具論其語，成《左氏春秋》。"《漢書·藝文志》曰："仲尼思存前聖之業，乃以魯周公之國，禮文備物，史官有法，故與左丘明觀其史記，據行事，仍人道，因興以立功，因敗以成罰；假日月以定曆數，藉朝聘以正禮樂，有所褒諱貶損，不可書見，口授弟子。弟子退而異言。丘明恐弟子各安其意，以失其眞，故論本事而作傳，明夫子不以空言說經也。春秋所貶損大人、當世君臣有威權勢力，其事皆形於傳，是以隱，所以免時難也；及末世，口說流行，故有公羊、穀梁、鄒夾之傳。"大抵左丘明論本事而作傳，主於記事；公羊、穀梁受傳指而索隱，媲為詁經。公羊、穀梁二家皆解正《春秋》。《春秋》所無者，公羊、穀梁未嘗言之。而左氏敍事見本末，或先經以始事，或後經以終義，或依經以辯理，或錯經以合異；因孔子史記，具論其語，則有《春秋》所無而左氏著其事者焉，有《春秋》所有而左氏不著其事者焉。故漢博士謂左氏不傳《春秋》，而推本公、穀以為眞春秋之意也。陳氏之學，所貴在通，尤崇鄭玄。嘗謂："鄭氏有宗主，復有不同；不為何休之墨守，亦不同許慎之異義。"論《春秋》蓋以《左傳》為主，以為"欲知其義，必先知其事"也。顧論《左傳》凡例與所記之事有違反者，歷指其例之不可通，謂"當以一傳為主，而不可盡以為是"。可謂有宗主，復有不同者矣，蓋鄭氏之家法也。

古無例字，屬辭比事即比例。《漢書·刑法志》，師古曰："比，以例相比況也。"《禮記·經解》引孔子曰："屬辭比事，《春秋》教也。"又曰："《春秋》之失亂。"記者引此為夫子自道。夫子以《春秋》口授弟子，必有比例之說，故自言"屬辭比事"為《春秋》教。《春秋》文簡意繁，若無比例以通貫之，必至人各異說，而大亂不能理，故曰"《春秋》之說亂"。故說《春秋》者多言例。何休《公羊解詁序》曰："往者略依胡毋生條例，多得其正。"胡毋生條例散見《解詁》，未有專書。何休《文謚例》見徐彥疏引。《公羊傳》條例雖佚而著見《七錄》。則是說《公羊》例者不一家矣。范寧解《穀梁》亦有例，楊士勛疏引之，有稱范氏《略例》者；而有稱"范例"者，有稱范氏"別例"者，皆即《略例》也。范氏注中已有例，又別為略例，故稱別例。則是說《穀梁》者有例矣。左氏之例，始於鄭興、賈徽。其子鄭衆、賈逵各傳家學，亦有條例。穎容已有釋例，皆不傳。獨杜預撰有《春秋釋例》十五卷，其大指以經之修貫，必出於傳；傳之義例，總歸於凡。《左傳》稱凡五十，其別四十有九，皆周公之垂法，史書之舊章。仲尼因而修之，以成一經之通體。諸稱"書""不書""先書""故書""不言""不稱""書曰"之類，皆所以起新舊，發大義，謂之變例。亦有舊史所不書，適合仲尼之意者，仲尼即以為義；非互相比較，則褒貶不明，故別集諸例及地名、譜第、曆數相與為部；先列經傳數條以包通其餘，而傳所述之凡繫焉；更以己意申之，名曰《釋例》。唯《公羊》《穀梁》家以時月日為褒貶，而左氏無時月日例。至清武進劉逢祿申受撰《春秋公羊經何氏釋例》三十篇，其《釋時月日例第四》引子思贊《春秋》"上律天時"，以為"《春秋》不待褒譏貶絕，以時月日相示，而學之者湛思精悟"。推闡甚析。《穀梁》時月日例，更密於《公羊》，海州許桂林同叔撰《春秋穀梁傳時月日書法釋例》以發明之。而章炳麟太炎《文錄》卷二，有《再與劉光漢》《丙午與劉光漢》兩書，極稱杜預《釋例》，以為："'《左氏》初行，學者不得其例；故傳❶會《公羊》以就其說。'侍中劉歆所奏，有云：'《左氏》同《公羊》，什有七八。'賈服雖善說經，然於五十凡例外，間有所補，或參用《公》《穀》，不盡《左氏》。亦猶釋典初興，學者多以《老》《莊》皮傅。征南生諸儒後，始專以五十凡例為揭櫫，不復雜引二傳；則後儒之勝於先師者也。"獨陳氏主《左傳》之記事而不取五十凡例，并歷斥《公》《穀》之時月日例，以為："《春秋》所重者，固在其義；然聖人所謂竊取之者，後儒豈易窺測之。與其以意窺測而未必得，孰若卽其文其事，考據詳博之有功於經乎？《孟子》之說春秋，一曰其事，二曰其文，文者所以記事也。事有變而不同，則文不能一成而不易；執其同者以為常例，而以其異者為違常例，奚可哉？黃楚望云：'凡《左傳》於義理時有錯謬，而其事皆實。若據其實而虛心以求義理至當之歸，則經旨自明。然則學《春秋》者，姑置虛辭，存而不論，而推校《左傳》之事以求聖經。'但當臚列書法之同異，有可以心知其意者則為之說，其不可知

---

❶ 當作"傅"。——編者註

者，則不為妄說，斯得之矣。"信通人之論也。要之，《左氏傳》之有裨於《春秋》，不在五十凡例，而治之者亦無事斷斷言例；事實而外，歷法、輿地、兵制、禮制、氏族、官秩，各有專門。杜氏《釋例》不專言例，而旁及地名、譜第、曆數，相與為部，卽前事之師也。賈服注與杜氏異者，大義不過數十條，餘皆無關宏旨。嘉興李貽德次白輯述《春秋左傳賈服注》二十卷而疏解之，是矣。長興臧壽恭眉卿著書六卷，名為《春秋左氏古義》，而多引《公》《穀》以泪左氏；不知三傳各有指歸，無庸強合。若文字異同，非皆古義也。賈服注與杜氏互有得失，而二家注已不全；治左氏者，不得不以杜氏為主。遂清儒者，多申賈服而抑杜，此一時風氣使然，非持平之論。杜氏於日月、輿地、氏族、官制之類，分門專治。吾邑顧棟高復初得其意，成《春秋大事表》六十四卷，部居別白，心裁獨出；而推溯所自，其法實本杜氏。杜氏訓詁之學雖疏，地理之學不疏。陽湖洪亮吉稚存為《春秋左傳詁》二十卷，其他無論；而言地理，必欲摭司馬彪、京相璠等之殘文墜簡，以相詰難，故用力多而成功少也。

　　陳氏之言《春秋》，宗左為主，而兼採《公》《穀》，以有不同，蓋祧康成而禰陸淳者也。何休《解詁》，墨守《公羊》；杜預《集解》，獨宗《左氏》。雖義有拘窒，必曲為解說，蓋專門之學如是。惟范甯《穀梁集解》，宗主《穀梁》而兼採三家，開唐啖趙陸之先聲，異漢儒專門之學派。蓋經學至此一變，而其變非自范氏始。鄭玄從第五元先習《公羊》，其解禮多主《公羊》說，而鍼膏起廢，兼主《左傳》《穀梁》。嘗云："《左氏》善於禮，《公羊》善於讖，《穀梁》善於經。"已開兼採三傳之嚆矢。晉劉兆作《春秋調人》三萬言，又為《左氏傳》解，名曰《全綜》；作《公羊穀梁解詁》，皆納經傳中，朱書以別之，似已合三傳為一書。而其書不傳，未曉三傳何主？今世所傳合三傳為一書者，自唐陸淳《春秋纂例》始。其書十卷，本啖助、趙匡之說，雜采三家以意去取，合為一書；蓋陳氏《春秋》之學所自出。陳氏言："三傳各有得失，不可偏執一家，盡以為是。鄭君之《鍼膏肓》《發墨守》《起廢疾》，卽此意也。然當以一傳為主。鄭君注《左氏》未成，以與服子慎，而不聞注《公羊》《穀梁》；是鄭君之治《春秋》，以《左傳》為主也。陸氏《纂例》云：'《左氏》功最高，能令百代之下，頗見本末；因之求意，經文可知。'蓋其意亦以《左傳》為主。但其書名曰《集傳》，則不主一家，無師法耳。"此可以徵陳氏師法之所在矣。

宋劉敞撰《春秋傳》十五卷，用陸氏《纂例》之體，刪改三傳而為一傳。善化皮錫瑞鹿門《春秋通論》極推之，以為宋儒治《春秋》最優者。而陳氏則譏其刪改多不當。特以劉氏之褒貶義例，多取諸《公羊》《穀梁》；陳氏主《左傳》，而善化治《公羊》，所主不同故耳。

儒者論古，亦各視其身世而不同。甘泉焦循理堂為《春秋左傳補疏》五卷，其序稱："杜預為司馬懿女壻，司馬昭妹壻。作《左氏春秋集解》，於左氏云'稱君，君無道；稱臣，臣之罪'，師曠所謂'其君實甚'，史墨所謂'君臣無常位'，皆假其說而暢衍之，以解司馬氏篡弒之惡。與孟子所稱'孔子作《春秋》而亂臣賊子懼'之指大異。"陳氏引其說，亦言："孟子曰'孔子成《春秋》而亂臣賊子懼。'《左氏》開卷記穎考叔、石碏二人最詳，此大有意也。君子曰：'穎考叔，純孝也！'君子曰：'石碏，純臣也。'賈逵云：'左氏義深於君父。'其此之謂乎？"而清季世，章炳麟專攻左氏而言革命。乃謂："賈逵言'左氏義深於君父'，此與公羊反對之詞耳。若夫稱國弒君，明其無道，則不得以義深君父為解。杜預於此最為宏通，而近世焦循、沈彤輩，多謂預借此以助司馬昭之弒高貴鄉公；則所謂焦明已翔乎寥廓，弋者猶視乎藪澤也！"見《太炎文錄》卷二《再與劉光漢書》斯又張革命以申杜預矣。

章炳麟以左氏張革命，康有為以公羊說改制；應運而生，皆迫於時勢之不得不然，此頌詩讀書之所以有待於知人論世也。獨朱一新《無邪堂答問》則深斥改制之說，原其所以謂："《公羊》家之說，以為：周道卽微，明王不作。夫子知漢室將興，因損益百王之法，為漢赤制。第載之空言，不如見之行事；魯史具存，卽借其事以寓褒貶，故曰'加吾王心焉'。夏尚忠，殷尚質。三王之道若循環。周末文勝，夫子欲變之以殷質，而具褒貶誅絕之法；不敢自專，寄之於魯。"此以《春秋》當新王之義，非謂真以魯為新王也。麟為王者之瑞。夫子論次十二公之事，為萬世法；王道浹，人事備。西狩獲麟，於周為異，《春秋》則託以為瑞。故曰："所聞世，著治升平；所見世，文致太平。"此張三世之義。曰"文致"者，明其非真太平也。《公羊》家多非常可怪之論。西漢大師，自有所受，要非心知其意，為此學者流弊滋多。近儒惟句容陳立卓人為《公羊義疏》七十六卷，深明家法，不過為穿鑿。卓人學出江都凌曙曉樓，曉樓已頗穿鑿而尚未甚。至武進劉逢祿申受、長洲宋翔鳳于庭、德清戴望子高諸家，牽合《公羊》《論語》而為一。于庭復作《大學古義說》以牽合之，但逞私臆，不顧上下文義。仁和龔自珍定庵專以張三世穿鑿羣經，蔓衍支離，不可究詰。二千年經學之厄，蓋未有甚於此者也，良由漢學家瑣碎而鮮心得；高明者亦悟其非，而又炫於時尚。宋儒義理之學，為所諱言，於是求之漢儒，惟董子《繁露》之言，最為滂沛；求之六經，惟《春秋》改制之說，最易附會。且西漢今文之學久絕，近儒雖多綴輯，而零篇墜簡，無以自張其軍；獨《公羊》全書幸存。《繁露》《白虎通》諸書，又多與何注相出入；其學派甚古，其陳義甚高，足以壓倒東漢以下儒者，遂幡然變計而為此。夫《春秋》重義不重制：義則百世所同，制則一王所獨。惟王者受命於天，改正朔，異器械，別服色，殊徽號，以新天下之耳目；而累朝舊制，沿用已久，仍復並行。此古今之通義。周時本兼有四代之制，六經無不錯舉其說，非獨《春秋》為然。孔子殷人，雜舉殷禮，見於《戴記》者甚多，安得以為改制之證？《公羊》文十三年傳之"周公用白牡，魯公用騂犅"，何注："白牡，殷牲也。"此乃成王所賜，豈亦孔子所改。明堂位兼用四代禮樂，若非經有賜魯明文，則亦將援為孔子改制之證。且託王於魯，猶可言也；帝制自為，不可言也。聖人有其位，則義見於制；無其位，則義寓於事。是故孟子之論《春秋》，曰"其事""其義，"不曰"其制"；曰"天子之事"，不曰"天子之制"。衮褒鉞貶者，正夫子之所有事。孔子自言竊取其義；竊取云者，取諸文王也。《公羊傳》曰："王者孰謂？謂文王也。"開宗明義，卽示人以尊王之旨。聖人作《春秋》，以文王之法正諸侯，而不以空言說經，故其義悉寓於諸侯之事；若夫典章文物，一仍其舊，曾何改焉。近儒因《記·王制》兼有殷制，遂傅合於《公羊》。夫《王制》乃漢文集博士所作，盧侍中植明言之。侍中，漢代大儒，出入禁闥；豈有本朝大掌故，懵然不知之理。近人深斥其說，乃託《王制》以穿鑿《公》《穀》，傎倒五經。不知孝文時，今學萌芽，老師猶在，博采四代典禮以成是篇；乃《王制》摭及《公羊》，非《公羊》本於《王制》。《王制》果為《公羊》而作，則師說具存，《繁露》何以不引其文？漢儒何以不述其例？直待千餘年後，始煩諸傳為之鑿空乎？乃近人因《王制》未足徵信，復援《孟子》以為助。《孟子》明云周室班爵祿，周制也，非殷制也。《孟子》言天子一位至子男同一位，凡五等。《王制》言公、侯、伯、子、男，凡五等。《公羊》言伯、子、男同位，凡三等。三書說各不同，烏可強為溝合？《孟子》："公侯百里，伯七十里，子男五十里。"與《武成》分土惟三義同。近人黜為"偽古文尚書"，棄置弗道，然《漢書·地理志》已言周爵五等而土三等，豈班《志》亦偽乎？殷制既以公、侯、伯為三等，則公、侯不能同為百里。書闕有間，但當闕疑，烏可鑿空。近儒致疑於《孟子》者，徒以爵祿之說與《周官》不合。夫《周官》不合羣經者多矣，何獨執此而定百里為素王之制？《孟子》"十一月徒杠成，十二月輿梁成"，卽《國語》引《夏令》十月成梁之制。〖夏十二月〗孟子所用周正也，非夏正也。近人謂孟、荀皆用孔子改制之說。按荀子有《王制篇》，所言序官之法，大致與《周禮》同。又云："田野什一，關市譏而不征，澤梁以時禁，發而不稅。"說亦同於《孟子》。《孟子》明云文王治岐之制，豈得以為殷制？《荀子》言："王者之制，道不過三代，法不貳後王。過三代謂之蕩法，貳後王謂之不雅。"荀子意在法後王，乃後人反誣以改制之說；此正荀子所斥為不雅者也。夫子修《春秋》以垂教萬世，託始於文，託王於魯，定、哀多微辭；上以諱尊隆恩，下以避害容身，慎之至也。聖人憲章文武，方以生今反古戒人，豈有躬自蹈之之理。《公羊》家言變周文，從殷質；文王、殷人，其所用者殷制。夫子用此，與從先進義同；豈敢緣隙奮筆，儼以王者自居？《春秋》卽為聖人制作之書，度亦不過一二微文以見意，豈有昌言於衆以自取大戾者？且亦惟《公羊》為然，於二《傳》何與？於《詩》《書》《禮》《易》《論語》又何與？今以六經之言，一切歸之改制；其鉅綱細目，散見於六經者，轉以為粗迹而略置之。夫日以制作為事，而不顧天理民彝之大，以塗飾天下人耳目，惟王莽之愚則然耳。至以《春秋》為漢赤制，此尤緯說之無理者。蓋自處士橫議，秦人焚書，漢高溺儒冠，文景喜黃老，儒術久遏而不行。自武帝罷黜百家，諸儒乃亟欲興其學，竄附緯說以冀歆動時君，猶《左傳》之增"其處者為劉氏"也。《後漢書·賈逵傳》："五經家皆無以證圖讖，明劉氏為堯後者，而左氏獨有明文"章懷太子注："春秋晉大夫蔡墨曰：'陶唐氏既衰，其後有劉累，學擾龍事孔甲。范氏，其後也。范會自秦遺晉，其處者為劉氏。'明漢承堯後也。"此在立學之初，諸儒其有苦心；後人若復沿襲其說，則愚甚矣。其辭辨以覈。

江都淩曙曉樓初治鄭玄《禮》，嗣聞武進劉逢祿申受論何氏《春秋》而好之，轉而治《公羊》，撰《公羊禮疏》十一卷、《公羊禮說》一卷。句容陳立卓人最稱高第弟子，承其緒衍，成《公羊義疏》七十六卷、《白虎通疏證》十二卷。其學由《白虎通》以通《王制》，遂旁開以《公羊》言《禮》一派。近世湘潭王闓運壬秋、善化皮錫瑞鹿門之學，皆由此衍，言禮明然後治《春秋》；別開湘學，又旁軼而為蜀學。集其成於井研廖平季平，繼別為宗；而淵源所自，不得不推淩氏為別子之祖也。

南海康有為之言《公羊》，得之廖平。惟廖平以《公羊》言禮制，由《白虎通》以通《王制》，為湘學王闓運之嗣法。而康氏以《公羊》稱大同，由《禮運》以明《春秋》，則宋儒胡安國之餘論。呂祖謙《與朱子書》曰："胡文定《春秋傳》多拈出《禮運》'天下為公'意，思蠟賓之歎；'自昔前輩共疑之，以為非孔子語。蓋不獨觀其親、子其子而以堯舜禹湯為小康，是老聃、墨子之論。'胡氏乃屢言《春秋》有意於天下為公之世。"其間尤有同而不同者焉。

《左氏》浮夸，文章之士所喜誦說。鄉人龔伯偉先生劉問《左傳》文章評點孰為佳？應之曰：《左繡》為佳。而於文章之奇偶相生，《左氏》之錯偶於奇，一編之中，尤三致意。每聞老輩詆《左繡》論文，不脫評點八股文習氣。不過承桐城文學方、張之焰，崇八家以排儷體，《左繡》獨被惡名，猶之方望溪之不喜班孟堅書爾。

班孟堅之於左氏，一脈相傳；其文章之妙，在能運偶以奇，尤在凝奇於偶。運偶以奇，故舉重若輕；凝奇於偶，斯積健為雄。而自命古文家者，乃必以偶為諱。阮文達《研經堂三集·書昭明太子文選序後》曰："如必以比偶非文之古者而卑之，則孔子繫《易》，自命其言曰'文'者，一篇之中，偶句凡四十有八。而班孟堅《兩都賦序》及諸漢文，其體皆奇偶相生；齊梁以後溺於聲律，彥和《雕龍》，漸開四六之體。至唐而四六更卑。然文體不可謂之不卑，而文統不可謂之不正。班孟堅《兩都賦序》白麟、神雀二比，言語、公卿二比，即開明人八比之先路。八比之文，眞乃上接唐宋四六為一脈，為文之正統也。"斯其論文章之奇偶相生，眞乃上接《左繡》為一脈。世論不敢難文達，而獨致譏《左繡》，多見其不知類也。其書出錢唐馮李驊天閑、定海陸浩大瀛之手前有高安朱文端公軾序，稱："統括全書，指其精神脈絡，以盡行文之態，亦論文之至。"豈曰借譽之論？

唐劉知幾《史通·六家篇》曰："《左傳》家者，其先出於左丘明。孔子既著《春秋》，而丘明受經作傳。蓋傳者轉也，轉受經旨以授後人。或曰：'傳者，傳也，所以傳示來世。'""《國語》家者，其先亦出於左丘明。既為《春秋內傳》，又稽其逸文，纂其別說，分周、魯、齊、晉、鄭、楚、吳、越八國事；起自周穆王，終於魯悼公，別為《春秋外傳》《國語》，合為二十一篇。其文以方《內傳》，或重出而小異。然自古名儒賈逵、王肅、虞翻、韋曜之徒，並申以注釋，治其章句。此亦六經之流，三傳之亞也。"昔劉勰撰《文心雕龍》，有《史傳篇》，亦云："傳者，轉也，轉受經旨以授於後。"而經有今文、古文之別，傳有內傳、外傳之別；不僅《春秋》有之。內傳者，一經之本訓；外傳者，經外之別義。世傳十三經，其中有經有傳；而今古文確可識別者：《書孔安國傳》十三卷，《詩毛公古訓傳》三十卷，《春秋左氏傳》三十卷，古文也；《儀禮子夏喪服傳》一篇，《春秋公羊傳》十一卷，《穀梁傳》十一卷，今文也。此內傳也。若論外傳，則今文獨多。《易》，京房《易傳》三卷。《書》，《伏生大傳》四卷。亦有三卷本《詩》，《韓嬰外傳》十卷。劉向《列女傳》每事引詩作贊，略同韓嬰。疑亦《詩》傳之一種也外《禮》，《大戴記》十三卷，《小戴記》四十九卷。《春秋》，《董子繁露》十七卷。而劉向受《穀梁春秋》，則采《春秋》至漢初軼事，以為《新序》《說苑》，都五十篇。《新序》《說苑》今存十卷存二卷而《春秋》時事尤多，大抵采百家傳記可為法戒者，以類相從；故頗與《春秋左氏》內外傳相出入，疑為《穀梁外傳》。《繁露》則《公羊外傳》也，皆今文也。古文，獨《左氏春秋》有外傳耳。如此之類，事摭別出，義多旁支；取與內傳相經緯，而非一經之本訓，故曰外傳。然則先師傳經，內傳古文多，外傳今文多，此其較也。然今、古文之稱，在今日直為不詞。漢人所以稱今、古文者，以文字有漢篆與蒼籀之異，而在今日，則一體今隸；孰為古文，特事義有不同耳。當正名曰"今學""古學"。

欲明今學、古學事義之不同，漢儒許慎撰有《五經異義》，鄭玄為駁。《隋書》《唐書》《經籍志》著錄十卷，宋時已佚。近人所輯，有秀水王復本、陽湖莊葆琛本、嘉定錢大昭本、曲阜孔廣森本、閩縣陳壽祺本。而陳本上、中、下三卷，稱有條理，并為疏證，極精覈也！井研廖平季平本《五經異義》，以考兩漢學說，成《今古學考》上下二卷。而昔人說經異同之故，紛紜而不決者，至是平分江河，瞭如指掌焉。

卷十一　春秋·下

漢劉氏向、歆父子敍錄羣書為《七略》，無四部之名。而太史公百三十篇，馮商所續太史公七篇，悉以隸《春秋》。唐劉知幾《史通》論史六家，而統以二體，曰："丘明傳《春秋》，子長著《史記》；載筆之體，於斯備矣。"蓋《春秋》，編年之體；《史記》，紀傳之祖也。而會稽章學誠實齋揚榷文史，譔論《通義》，獨深有會於劉氏向、歆之意。而推原紀傳本於《春秋》，蓋紀編年以包舉大端，《春秋》之經也；傳列人以委曲細事，丘明之傳也。一辨章流別，一考鏡源流，誼各有當，不必此之為是，而彼之為非也。

太史公綜合古今，發凡起例，創為《百三十篇》。本紀以序帝王，世家以紀侯國，十表以譜年爵，八書以詳制度，列傳以誌人物；然後國故朝章，網羅一編，顯隱必該，洪纖靡遺，歷代作史者遂不能出其範圍。《漢書》以下二十三史，可考而知也。然而時移事易，體例增損，固亦有之。陽湖趙翼雲崧撰《二十二史劄記》，勘比諸史，較其異同，條為五事，而参以鄙意，頗有可得而論者焉。其一曰"本紀"。古有《禹本紀》《尚書世紀》等書，太史公用其體以敍述帝王。惟楚義帝立自項氏，政非己出，不為立紀；項羽則宰制天下，封諸侯王，莫敢不聽命，自當入本紀。《漢書》改為列傳，則以斷代為史，當王者貴。惟《周本紀》《秦本紀》，自其先世為侯伯皆入之，頗失裁斷；然不如是，則先後參差，不得不為變例。魏收作

《魏書》，遂承用其例焉。《金史》於《太祖本紀》之前，先立《世紀》以敘其先世；此則仿《尚書世紀》之名，而視太史公為典切矣。《三國志》但有《魏紀》，而吳蜀二主，皆不立紀，以魏為正統故也。《後漢書》又立《皇后紀》，蓋仿《史》《漢》《呂后紀》之例；不知太史公以政由后出，故《高紀》後即立《后紀》。至班固則先立《孝惠紀》，孝惠崩，始立《后紀》，其體例已截然；以少帝既廢，所立者非劉氏子，故不得以偽主紀年，而歸之於后也。若東漢則各有《帝紀》，卽女后臨朝，而用人行政，已皆編在《帝紀》內，何必又立《后紀》。《新唐書》武后已改唐為周，故朝政則編入《后紀》，而宮闈瑣屑，仍立《后傳》，似得體要。《宋史·度宗本紀》後，附瀛國公及二王。不曰帝，而曰瀛國公、曰二王，固以著其不成為君；而猶附於紀後，則以其正統緒餘，已登極建號，不得而沒其實也。至馬令、陸遊《南唐書》作《李氏本紀》，吳任臣《十國春秋》為僭大號者皆作紀，殊太濫矣。其時已有梁、唐、晉、漢、周稱紀；諸國皆偏隅，何得亦稱紀耶？其二曰"世家"。太史公《衛世家贊》"余讀《世家》言"云云，是古來本有"世家"一體，太史公用之以記王侯諸國。劉知幾《史通·世家篇》曰："司馬遷之記諸國也，其編次之體，與《本紀》不殊；蓋欲抑彼諸侯，異乎天子，故假以他稱，名為世家。按世家之為義也，豈不以開國承家，世代相續。"然孔子以一布衣，栖皇終老，未嘗開國承家，而亦列之世家者，太史公見義於《贊》曰："天下君王至於賢人衆矣；當時則榮，歿則已焉。孔子布衣傳十餘世，學者宗之。"豈不以孔子開來繼往，以六藝世其家，勝於天下君王開國承家，以爵土世其家邪？而宋儒王安石《讀孔子世家》，乃譏之曰："進退無所據""自亂其例。"太史公所為致歎於"非好學深思，心知其意，固難為淺見寡聞者道也"。《漢書》則有列傳而無世家,雖爵土弗替之王侯,亦以入列傳。然傳者,傳一人之生平也。王侯開國,子孫世襲,故稱世家。今一體改列傳,而其子孫嗣爵者,又不能不如世家之次其世系;其體世家,其名列傳,斯則進退無所據矣。然自《漢書》定例後,歷代因之。《晉書》於僭偽諸國數代相傳者,不曰世家,而曰載記;蓋以劉、石、苻、姚諸君,有稱大號者,不得以侯國例之也。歐陽修《五代史》則於吳、南唐、前蜀、後蜀、南漢、北漢、楚、吳越、閩、南平皆稱世家。《宋史》因之,亦作十國世家。《遼史》於高麗、西夏,則又變其名曰外記。此則本紀之變體,而非世家之本然矣。其三曰"表"。太史公作十表,昉於周之《譜牒》。曰:《三代世表》《十二諸侯年表》《六國表》《秦楚之際月表》《漢興以來諸侯年表》《高祖功臣侯年表》《惠景間侯者年表》《建元以來侯者年表》《建元以來王子侯者年表》《漢興以來》《將相名臣年表》,與紀傳相為出入。紀傳之所有者,則綜以挈其綱;紀傳之所無者,則該以拾其遺。作史體要,莫大於是。《漢書》因之,作七表,以太史公書《三代世表》《十二諸侯年表》《六國表》皆無與於漢也。其餘諸侯王,皆本太史公舊表,而增武帝以後沿革以續之;惟《外戚恩澤侯表》《百官公卿表》,則補太史公之所無。至古今人物表,則殊非宜。蓋以漢為書,而表綜古今,不知限斷;劉知幾譏之,宜也。見《史通》表歷第七《後漢書》《三國志》、宋、齊、梁、陳、魏、齊、周、隋諸書及南北史,皆無表。《舊唐書》亦無表。《新唐書》有《宰相表》《方鎮表》《宗室世系表》,以增舊書之所無。薛《五代史》無表,歐《五代史》亦無表,但有十國世家年譜。按譜之建名,起於周代;表之所作,因譜象形。故桓君山有云:"太史公《三代世表》旁行斜上,並效《周譜》。"譜之與表,其實一也,《宋史》有《宰相》

《宗室》二表。而表之多者，《遼史》為最，有《世表》《皇子表》《公主表》《皇族表》《外戚表》《遊幸表》《部屬表》《屬國表》。表多，則傳可省。如皇子、皇族、外戚之類，勳名卓著者，既為列傳；此外無功過者，則傳之不勝傳，而又不容盡沒其姓氏，惟列之於表，既著明其世系官位，而功罪則附書。內而各部族，外而各屬國，亦列之為表；凡朝貢、叛服、征討、勝負之事，皆附書以省筆墨。故《遼史》列傳不多，<small>《遼史》列傳四十六卷</small>而一代之事蹟賅焉，此作史良法也。《金史》有《宗室》《交聘》二表。<small>《交聘表》數宋人三失，而惜不知守險，不能自強，而切中事機，卓然有良史之風</small>《元史》有《后妃》《宗室世系》《諸王》《公主》《三公》《宰相》六表。而《明史》五表，則仍諸史之舊有者四，曰《諸王》，曰《功臣》，曰《外戚》，曰《宰輔》，剏諸史之新例者一，曰《七卿》。蓋明太祖廢左右丞相，而分其政於吏、戶、禮、兵、刑、工六部；而都察院糾核百司，為任亦重，故合而七也。其四曰"書""志"。八書乃太史公所創以紀朝章國典。《漢書》因之作十志：《律曆志》，則本於《律書》《曆書》也；《禮樂志》，則本於《禮書》《樂書》也；《食貨志》，則本於《平準書》也；《郊祀志》，則本於《封禪書》也；《天文志》，則本於《天官書》也；《溝洫志》，則本於《河渠書》也。此外，又增《刑法》《五行》《地理》《藝文》四志。宋儒鄭樵作《通志》，開宗明義，以為："書契以來，惟司馬遷《史記》，會《詩》《書》《左傳》《國語》《世本》《戰國策》《楚漢春秋》之言，通黃帝、堯、舜至於秦漢之世，勒成一書，擅制作之規模。不幸班固非其人，遂失會通之志；由其斷漢為書，是致周秦不相因，古今成間隔。"蓋歸獄於班書之斷代，無以觀其會通也。然其中亦自有別。固之斷漢為書者，惟本紀、列傳耳，至表則有《古今人物》，所載自秦而往，不言漢事。而志之《禮樂》《刑法》《食貨》《郊祀》

《五行》《地理》《溝洫》諸篇，尤皆上溯邃古，下迄當代，何嘗斷漢為書而不觀其會通耶？蓋人物可以間世而一出，不礙斷代列傳，而典章必有所因而制作，何能置前不論也。至於志《藝文》，則增損劉《略》，刪七為六；通著六藝、諸子，皆非漢人著述，更何得謂之斷漢為書？《隋書·經籍志》雖變六略而為四部，然兼錄古今載籍，則與班同；以為皆其時柱下之所藏也。唐、宋《經籍》《藝文》諸志因之。獨《明史·藝文》第就二百七十年各家著述，釐次成志，此則斷代著錄之創例耳。而班書不然。然則班書斷代，祇限紀傳，而非所論於十志。其後《律曆》《禮樂》《天文》《地理》《刑法》，歷代史皆不能無。《後漢書》改《地理》為《郡國》，又增《禮儀》《祭祀》《百官》《輿服》四志。《三國》無志。晉、宋、齊書，大概與前書同。惟《宋書》增《符瑞志》，不知何所取義？史公傳《龜策》，以三代聖王重卜筮也。然且為《史通》所疑。見《史通·外篇·古今正史第二》。若東漢而後，圖讖之學，直是妖言；篝火狐鳴，帛書牛腹，自昔覬覦非分者，莫不造為符命以搖惑人心。沈休文乃欲以挽力征逐鹿之風，何異揚湯而止沸也。《南齊書》亦分《祥瑞》於《五行》之外，蕭子顯特欲侈其先世受命以掩其篡奪之迹耳。休文志此胡為乎？梁、陳書及《南史》無志。《魏書》改《天文》為《天象》、《地理》為《地形》、《祥瑞》為《靈徵》，餘皆相同，而增《官氏》《釋老》二志。齊、周及《北史》皆無志。《隋書》本亦無志，今志乃合梁、陳、齊、周、隋並撰者；其《藝文》則改為《經籍》。《新唐書》增《儀衛》《選舉》《兵制》三志。薛《五代史》志類有減無增。歐《五代史》另立《司天》《職方》二考，亦即《天文》《地理》而變其名也。《宋史》諸志，與前史名目多同。惟《遼史》增《營衛》《捺鉢》《部族》《兵衛》諸志，其國俗然也。金元二史志目，與

《宋史》同，惟少《藝文》耳。《明史》志目與《宋史》同，其《藝文志》著述以明人為斷，斯為特例，蓋長洲尤侗之所草創也。^{侗《有明藝文志》五卷別行}然考其初載，亦有自來。《北史·宋隱傳》載："族裔世景從孫孝王為北平王文學，非毀朝士，撰《朝士別錄》二十卷。會周武滅齊，改為《關東風俗傳》，更廣見聞，成三十卷。"而《史通·書志篇》則云："《藝文》一體，古今是同；詳求厥義，當變其體。近者宋孝王《關東風俗傳》亦有《墳籍志》。其所錄皆鄴下文儒之士，讎校之司；所列書名，惟取當時撰者。習茲楷模，庶免譏嫌。"豈《明史·藝文志》著錄羣籍，限斷當代之例所自昉乎？其五曰"列傳"。傳者，轉也，轉受經旨以授於後；所以詁經，非以敍人物也。而敍人物以為傳，則自太史公始。又於傳之中，分公卿、將相為列傳。其《儒林》《循史》《酷吏》《刺客》《游俠》《佞幸》《滑稽》《日者》《龜策》《貨殖》等，又別立名目，以類相從。自後作史者，就各一朝所有人物傳之，固不必盡拘太史公舊名也。《漢書》省《刺客》《滑稽》《日者》《龜策》四傳，而增《西域傳》。蓋無其人，不妨缺；有其人，不妨增。至外夷傳，則又隨各朝之交兵、通貢者而載之，更不能盡同也。惟《貨殖》一欸，本可不立傳。而《漢書》所載《貨殖》，又多周秦時人，與漢何涉？《後漢書》於《列傳》《儒林》《循吏》《酷吏》外，又增《宦者》《文苑》《獨行》《方術》《逸民》《列女》等傳，獨《儒林傳》最為後世所稱。五經分類敍次，各先載班書所記之源流，而後以東漢習經者著為傳，以徵師法淵源之所自。列傳則《卓茂傳》，敍當時與茂俱不仕莽者，孔休、蔡勳、劉宣、龔勝、鮑宣等五人；《來歷傳》，敍同諫廢太子者，役諷、劉禕、薛皓、閭邱宏、陳光、桓代、施延、朱倀、第五頡、曹成、李尤、張敬、龔調、孔顯、徐崇、樂闈、鄭安世等十七人。此等既不能各立一傳，而其事可傳，又不忍沒其姓氏，故立一人傳，而同事者用類敍法，盡附見於此一人傳內。其例蓋倣於《三國志》。《三國志·倉慈傳》後，歷敍吳瓘、任燠、顏斐、令狐邵、孔乂等，以其皆良吏而類敍之；《王粲傳》後，歷敍徐幹、陳琳、阮瑀、應瑒、劉楨及阮籍、嵇康等，以其皆文士而類敍之。歷官行事，隨事附見，以省人人立傳之煩，亦見其簡而該也。《三國志》傳目有減無增，《方術》則改為《方伎》。《方伎傳》內，如華陀則敍其治一證，即效一證；管輅則敍其占一事，即驗一事。獨於《朱建平傳》總敍其所相者若干人，而又總敍各人之徵驗於後，蓋仿太史公《扁鵲》等傳而變通其意者也。《晉書》改《循吏》為《良吏》、《方伎》為《藝術》，不過稍易其名，又增《孝友》《忠義》二傳。其逆臣則附於卷末，不另立"逆臣"名目。《宋書》但改《佞幸》為《恩幸》，其"二凶"亦附卷末。而敍次則多帶敍法。其人不必立傳，而其事有附見於某人傳內者，即於某人傳內敍其履歷以畢之，而下文仍敍某人之事；如此者甚多。蓋人各一傳，則不勝傳；而不為立傳，則其人又有事可傳。有此帶敍法，則既省多立傳，又不沒其人。此與《後漢》《三國》之類敍，俱為作史良法。但《後漢》《三國》於類聚者，多在本傳後方綴履歷，此則正在本傳敍事中，而忽以帶敍者履歷入之。此則同而有不同者。其大兵刑，輒以始末備之一傳；餘文互見，端緒秩然，不克尚友孟堅，固已抗手蔚宗。《齊書》改《文范》為《文學》、《良吏》為《良政》、《隱逸》為《高逸》、《孝友》《忠義》為《孝義》、《恩倖》為《倖臣》，亦名異而實同。其降敵國者，亦附卷末。而類敍傳孟堅意，帶敍用休文法。《梁書》改《孝義》為《孝行》，又增《止足》一歆；其《逆臣》亦附卷末。《陳書》及《南史》亦同，惟《南史》則侯景等另立"賊臣"名目。

《魏書》改《孝行》為《孝感》、《忠義》為《節義》、《隱逸》為《逸士》、《宦者》為《閹宦》，亦名異而實同；其劉聰、石勒、晉、宋、齊、梁，俱入《外國傳》。《北齊》各傳名目無所增改。《周書》增《附庸》一款。《隋書》改《忠義》為《誠節》、《孝行》又為《孝義》，餘皆與前史同；而以李密、楊元感次列傳後，宇文化及王世充附於卷末。《北史》各傳名目與前史同，增"僭偽"一款。《舊唐書》諸傳名目亦同前史，其安祿山則附卷末，不另立"逆臣"名目。《新唐書》增《公主》《藩鎮》《奸臣》三欵；《逆臣》中又分《叛臣》《逆臣》為二，亦附卷末。薛《五代史》增"世襲"一款。歐《五代史》另立《家人》《義兒》《伶官》等傳，其歷仕各朝者謂之雜傳；又分《忠義》為《死節》《死事》二款，又立《唐六臣傳》。蓋五代時事多變局，故傳名亦另創也。《宋史》增《道學》一款，以別出於《儒林》；又有《周三臣傳》，餘與前史同。《遼史》亦多同前史，惟改《良吏》為《能吏》，另有《國語解》。《金史》無《儒學》，但改《外戚》為《世戚》、《文苑》為《文藝》，餘與前史同。而以金初滅遼取宋，中間與宋和戰不一，末年又為蒙古所滅，故用兵之事，較他朝獨多；其勝敗之迹，若人人鋪敍，徒滋繁冗。《金史》則詳敍一人以為主，而諸將之同功一體者，旁見側出，以類相從；有綱有紀，最得史法。亦有《國語解》。《元史》增《釋老》，餘亦與前史同。《明史》各傳名目，亦多同前史，惟《閹黨》《流賊》及《土司》三傳，則前史之所無。蓋貂黨之禍，雖漢唐以下皆有，而士大夫趨勢附羶，則惟明人為最夥，其流毒天下亦至酷；別為一傳，所以著亂亡之源，不但示斧鉞之誅也。闖、獻二寇，至於亡明，勦撫之失，足為炯鑒；非他小醜可比，故別立之。至於土司，古謂羈縻州也；不內不外，釁隙易萌。大抵多建置於元，而滋蔓於明；控馭之道，與牧民殊，與禦敵國又殊，故自為一類焉。而其編纂之得當，如數十人共一事者，舉一人立傳，而同事者各附以小傳；如同事者別有專傳，而此一事不復詳敍，但云語在某人傳而已。

史筆有二。有解偶為散以疏其氣者：紀傳則有司馬遷之《史記》，陳壽之《三國志》，蕭子顯之《南齊書》，姚察之《梁書》，姚思廉之《陳書》，李延壽之南北《史》，宋祁等之《唐書》，歐陽修之《五代史》，托克托等之《宋史》《遼史》《金史》，宋濂等之《元史》，張廷玉等之《明史》；編年則有司馬光之《通鑑》，記言則有《戰國策》，此一體也。有寓偶於散以植其骨者：紀傳則有班固之《漢書》，范曄之《後漢書》，房喬等之《晉書》，沈約之《宋書》，魏收之《魏書》，李百樂之《北齊書》，令狐德芬之《周書》，魏徵等之《隋書》，劉昫等之《舊唐書》；編年則有左氏之《春秋傳》，記言則有《國語》，此又一體也。大抵凝重多出於偶，流美多出於散；而其樞機之轉，只看《國語》《國策》二書便見。昔年李續川與余論文章，問《國語》《國策》之異同。余告之曰：「《國語》《國策》，記言體同，而文章攸殊。《國語》寓偶於散，以植其骨，《左傳》之枝流也；《國策》解偶為散，以振其氣，遷史之前茅也。」續川贊其了當。

一部二十四史，從何說起，而《史記》《漢書》不可不全部讀，以其四通六闢，運而無所積。一為史學之開山，一為經部之枝流；一為子家之要刪，一為文章之大宗。何以言之？史家二體，編年、紀傳；《史記》則以紀傳革編年之體，《漢書》又以紀傳為斷代之祖。故曰史學之開山。《史記》《孔子世家》《仲尼弟子列傳》《儒林列傳》，《漢書》《律曆志》及《藝文志》之《六藝略》，又《儒林列傳》，則羣經之敍錄也。《史記》五帝、夏、殷、周諸本紀、《三代世表》，與《尚書》相表裏。《十二諸侯年表》、吳太伯、齊太公、魯周公、燕召公、管蔡、陳杞、衛康叔、宋微子、晉、楚、越王句踐、鄭十二世家，與《春秋左傳》相表裏。《禮書》《樂書》，與《禮記》相表裏。至《漢書·地理志》，推表山川，則《尚書·禹貢》之傳。《五行志》徵應五事，又《尚書·洪範》之傳。而《禮樂志》為戴《禮》之支裔。《百官志》，又《周官》之繼別。故曰經部之枝流。《史記》列傳，管晏、老子、莊子、申不害、韓非、司馬穰苴、孫武、吳起、商君、孟軻、騶衍、淳于髡、慎到、荀卿諸子，既敘次其生平，又推論其著書；於書即為敘錄，於人遂為列傳。而《太史公自序》要指六家，《漢書·藝文志》亦略諸子；篡言鉤玄，若綱之有綱。故曰子部之要刪。《史記》積健為雄，疏縱而奇，以為唐宋八家散行之禰；《漢書》植骨以偶，密栗而整，以開魏晉六朝駢體之風。文章變化，不出二途，故曰文章之大宗也。讀一書抵千百書。

　　余於二十四史，《史記》外喜讀陳壽《三國志》，以其工描寫而別出機杼。史公筆意詼詭，尋常人物，亦描寫不尋常；如游俠、滑稽、貨殖列傳，是也。陳壽辭旨雅澹，極不尋常人物，而能描寫其尋常；如袁紹、公孫瓚、諸葛亮等傳，是也。而明人歸有光《震川文集》中之《先妣事略》《寒花葬志》《項脊軒記》，只以尋常筆墨，寫尋常細碎，卻自風神疏澹，別饒意趣。姚惜抱每謂："歸震川之文，於不要緊之題，說不要緊之話。"余謂史公能於不要緊之題，說要緊之話；陳壽乃於要緊之題，說不要緊之話；各具一付本領。而震川只於不要緊之題，說不要緊之話；後來人窮老盡氣，儘自趕不上也。

　　三兒鍾英問四史文章，孰為優劣。余告之曰："馬遷短長相生，而出以雄肆。班、范奇偶錯綜，而求為雅練。陳壽《三國》，雄肆不如太史公，雅練又遜前後《漢》；而清微淡遠，妙造自然。柳子厚得其清簡，而化以奧峭；其品峻。歐陽永叔似其淡遠，而出以蕩逸；其神暇。此中低昂，非汝鈍根人所能會。"

唐太宗以何法盛等前後《晉史》十有八家，制作雖多，未能盡善；命房喬等重加撰次，分類篡輯以成《晉書》。藉功衆手，指歸不一，詳略失當；加之半出詞臣，言多駢儷，不合史裁，訶譏者衆。劉知幾《史通・雜說》則訛之曰："近者宋臨川王義慶著《世說新語》，上敘兩漢三國及晉中朝江左事。劉峻注釋，摘其瑕疵，偽迹昭然，理難文飾。而皇家撰《晉史》，多取此書，遂取康王之妄言，違孝標之正說；以此書事，奚其厚顏。"而清修《四庫全書德總目》尤相譏切，以為："其所褒貶，略實行而獎浮華；其所採擇，忽正典而取小說。宏獎風流，以資談柄，是直稗官之體，安得目曰史傳。"至道光間，荊溪周濟止菴撰《晉略》一書，舉《晉書》中之繁蕪浮誕，及義所未安，言之不順者，悉汰之。文省而事增，什七折衷，依於司馬光《通鑑》；事以類附，例以義起，為《本紀》六、《表》五、《列傳》三、《十六國傳》十一、《彙傳》七、《宗室》《篤行》《清談》《任達》《良吏》《文學》《隱逸》序目一，計六十六篇。事卽前史，言成一家；其諸論贊中，於攻取、防守、地勢，必反覆曲折，確有指歸，俾覽者得所依據。自言："此書為一生精力所萃，實亦一生志略所寓也。"則以寓平生經世之學，借史事發揮之；遐識紗慮，非徒考訂筆力過人。

南朝四書，宋、齊、梁、陳，其文章當以《梁書》稱首，而為八家古文之前茅。趙翼《廿二史劄記》每極稱之，以為："行文自出鑪錘，直欲遠追馬、班。蓋以時爭尚駢儷，卽敘事之文，亦多四字為句，罕有用散文單行者。《梁書》則多以古文行之，如《韋叡傳》敍合肥等處之功、《昌義之傳》敍鍾離之戰、《康絢傳》敍淮堰之作，皆勁氣銳筆，曲折明暢，一洗六朝蕪宂之習。《南史》雖稱簡淨，然不能增損一字也。至諸傳論，亦皆以散文行之；魏鄭公《梁書總論》猶用駢偶，此獨卓然傑出於駢四儷六之上，則姚察父子為不可及也。世但知六朝之後，古文自唐韓昌黎始，而豈知姚察父子，已振於陳末唐初也哉？"所論精卓不磨。

北朝四書，魏、齊、周、隋，獨《魏書》最被謗議，號稱"穢史"。《北齊書》收本傳具著其跡。獨《四庫全書總目》為之辯正，互考諸書，證其所著亦不甚遠於是非；其辭甚備。而余讀《北齊書》收本傳曰："修史諸人，祖宗姻戚，多被書錄，飾以美言。"尋所云："修史諸人"，收實總其成。而仁和譚獻《復堂記》則云："閱《魏書》，《恩倖傳》首列王叡；其子椿即收之姑夫，而傳稱：'魏撫兄子收，情同己子。'乃不以舊恩曲回史筆。直道如此，猶蒙穢稱。"此一事為《總目》所未及，足為古人雪謗。然魏收仕於北齊，修史正在齊宣文時，故凡涉齊神武在魏朝事，必曲為回護。而欲以齊繼魏為正統，故自孝武後，即以東魏孝靜帝繼之；而孝武西遷後諸帝，不復作紀。按齊神武起兵討爾朱氏，廢節閔；會朝臣議，僉謂孝文不可無後，故立孝武。天下共以為主已三年，尋與神武不協，乃走關中，依宇文泰。神武別立清河王亶子善見為帝，是為東魏。而孝武為西魏，是則魏統之所繫。孝武崩，文帝立；文帝崩，廢帝、恭帝繼之，皆魏之正統也。魏澹作《魏書》，以西魏為正統，自是正論，惜其書不傳。故西魏文帝等紀年紀事，轉見於《周書》文帝紀內；在《周書》為贅懸，在《魏書》為闕漏。讓清嘉慶間，南康謝啟昆蘊山乃撰《西魏書》以續《魏書》，為紀一、表三、考四、傳十二、載記一，凡二十四卷。著其興衰治亂，詳於因革損益，卷帙不廣，條目悉具；編年紀月以經之，旁行斜上以緯之，輯北朝之遺聞，補《魏書》所未逮。其考《紀象》也，兼正光之推步，較《天象》而益精焉。其考《疆域》也，訂大統之版圖，較《地形》而更密焉。其考《氏族》也，鳌代都之門望，較《官民》而尤詳焉。其為《封爵》《大事》諸表也，則於魏收所未備者，取法於遷、固而加覈焉，特以周隋兩朝人物之曾仕西魏者凡三百餘人。《周書》列傳，非西魏臣者十無一二，勢難廢《周書》而改為西魏。其為列傳，以宇文受禪為斷，而下仕周隋者，即不為立傳；雖尉遲迥、獨孤信之倫，勳業爛然，亦嚴立限斷，聽其入於《周書》。然《封爵表》載其爵秩大事、《異域表》載其勳略、《百官表》載其所為柱國大將軍之官，以與列傳互為補苴；但錄其事，不載其人，以為方紐效績於荊襄，究非魏之勳舊。而如尉遲建功於庸、蜀，自屬周之臣子也。他如孝武謀去彊臣，非為失德，而《周書》攸紀，橫謂斛斯椿為羣小、王思政為諂佞，皆是曲筆，豈為讜言。今一洗之，概從其實；斯尤明直道之公而以徵良史之筆焉。

　　《新唐書》本紀、志、表題歐陽修撰，列傳題宋祁撰。論者無不右歐陽而議宋氏。其實皆一孔之士不足與論古。獨譚獻《復堂日記》謂："《唐書》文體宏遠，亦云史才；好用新字，更改舊文，多可笑蚓。如'師老'為'師耄'、'不可忍'為'叵可忍'、'不敢動'為'不可搖'，直兒童語。宋祁亦雅才，何以有此弊？究其師法，殆退之作俑耳。宋與歐陽，皆崇信退之，乃學焉而各得其性之所近。"其弟子餘杭章炳麟太炎遂申其意曰："退之石刻轉益瑰怒。而宋世效韓氏為文章者，宋子京得其辭，歐陽永叔得其勢。"〔天放樓文言序〕辭尤明析。而朱一新《無邪堂答問》則尤力為子京張目，以為："《新唐書》實遠過《舊唐書》。子京之文，雖未追踪班、馬，亦足陵跨六代；宋人多議之，貴遠忽近之見耳。范、陳而後，自歐《五代》、李《北史》與《隋書》外，未有及《新唐書》者。然歐《五代》過求簡嚴，多所刊略，《新唐書》則無此失。雖用字間有生竃，此學古而未純熟，然亦不至軋茁以為古。劉昫撰《舊唐書》薛居正撰《舊五代史》以下諸史，文詞宂沓，正當以此救之，未有不簡奧而可為古文者。歐《五代史》疏漏誠有之，而近人吹垢索瘢，殊多苛論。即如錢大昕《養新錄》譏'契丹立晉'之文，謂襲《春秋》'衛人立晉'而誤；不知歐意，謂晉恃契丹以立國，甚其辭以醜敬瑭耳。《晉記》徐無黨注甚明，曾謂歐公不悟《春秋》之晉為人名乎？昔人言以字字有來歷，求《杜詩》，而《杜詩》反晦；漢學家亦往往有此。陳壽《三國志》以上，作史者莫不有微旨存焉。史之蕪，自沈約、魏收始。故《新五代史》為足貴，特其詞旨甚明，而無微顯志晦之意；故去三史尚遠，要亦時代為之，至近世之史，乃長編耳。"此為得實之論。其後馬令、陸游《南唐書》，皆有意仿歐《五代》。而馬令雅贍，陸游簡潔，又以不同。然陸書後出，說者多以為馬所不及。而譚獻《復堂日記》獨以為："陸游《南唐書》簡而失之略，不如馬令書詳贍雅令，獨持正統之說為陋。徐氏於中原，豈有君臣之義哉？此則不如陸書；而有類族辨物之義，亦遠勝陸之合傳不倫。惟其前後序贊，輒冠以嗚呼；歐《五代》創為此體，已有譏議，顧乃揚其波乎？"其論頗極覈也。

　　元修宋、遼、金三史，論者所不貴。然余謂文章放筆為直幹，贍而得老，約而能肆，得太史公之意者，二十四史中，當以《金史》為最；不為宋子京之軋茁為古，亦異歐《五代》之搖曳弄姿，其宣、哀以後諸將列傳尤佳，以取材元好問手筆者為多也。自宋而後，由退之而學史公者，得二人焉：曰歐陽修，曰元好問。歐陽南士力薄，故為蕭閒，摹退之之韻，以得史公之逸；元氏北人氣厚，力能健舉，學退之之肆，以得史公之勁。降而讓清：姚姬傳摹史公，取逕歐陽，故紆徐為妍而多弱筆；曾湘鄉學退之，不由遺山，斯矯怒作勢而有宂詞。亦文章得失之林也。

《金史》簡老，《明史》贍該，於近代史皆稱良筆。而《明史》即以王鴻緒《明史稿》為藍本。乾隆四年，大學[1]張廷玉等成書表進，中有云"惟舊臣王鴻緒之史稿，經名人三十載之用心，首尾略具，事實頗詳，爰即成編，用為初稿"者也。鴻緒《明史列傳稿》二百八卷，別出為書，實出鄞縣萬斯同季野手筆。斯同世嫻明故，萃畢生精力為之；世有博綜之目，而論者謂館臣輕於改竄，不免點鐵之譏。然余讀汪由敦《松泉文集》中有《答明史館某論史事書》曰："王本《列傳》，聚數十輩之精華，費數十年之精力，後來何能追躅萬一；若存訛誹之見，非愚則妄。但就其中如韓林兒四人為一傳、張士誠四人為一傳，似尚以卷軼多寡而定，非別有義例也。去冬高安先生_{朱軾}謂韓、_林郭_興不應同傳。退而思之：太祖曾用龍鳳年号，似不必為諱；且用龍鳳年號，稱宋後，亦何損於太祖得天下之正。今議其不當用，可也，以為不足存而刪之，則事之非義者，當概刪耶？似非所以傳信也。昨因重費商量，謬擬羣雄混合之說；亦因王本韓、郭與徐_{壽輝}陳_{友諒}同傳，亦無不可與張_{士誠}、方_{國珍}諸人同傳，雖曰調停，實仍舊貫。今若以韓林兒與羣雄同列，而子興獨為一傳，或與高安意允協，蓋滁陽封王立廟，原與林兒不同；亦有義例，非敢模稜也。"按今《明史》，郭子興韓林兒同傳，陳友諒、張士誠、方國珍、明玉珍同傳，不同王稿，亦不用汪議。蓋以郭、韓為太祖之所事，陳、張四人為太祖之所敵，亦各從其類也；揆之事例，實為允

---

[1] 疑闕一"士"字。——編者註

洽。汪氏書又曰："楊憲奸險小人，王本以官爵列李善長傳後，然人實不倫；應否別附，均裁定。"又曰"王稿視《名山藏明書》諸本，不啻遠勝。<small>明鄧元錫撰《明書》四十五卷。清初傅維鱗撰《明書》一百七十一卷。《名山藏》，不知何人所作</small>今若無所據依，信筆增損，則其行文疵謬頗少，讀至終篇，一無可議；然但略改文法，益足形其淺陋。惟有考證事實，或有脫漏互異及前後倒亂之處，補其不逮，庶為王氏功臣。但稗官野史，臆說叢談，無足徵信；而實錄編年繫月，事蹟釐然。雖是非褒貶，不足為憑，而一人之出處，及所建之言，所任之事，首尾具在，明白無疑；故查實錄以改原文，視臆斷較有把握。外間推崇王本太過，遂謂不可增損。今即以行文而論，《江陵傳》自是神宗朝第一大傅。而王稿竟就史料《首輔傳》刪節成文，其中描寫熱鬧處，皆弇州筆。弇州逞才使氣，抑揚軒輊之間，往往過情；平心觀之自見。且私書不妨裝點，而乃據為信史，即令弇州知之，恐亦未免失笑。神光以後，此類甚多"云云。據此，則知當日館臣竄改王稿，原極矜慎，而匡正其失，亦非故為索瘢之論。至嘉慶間，禮親王昭槤為《嘯亭續錄》，中有"論明史稿"一條曰："向聞王橫雲《明史稿》筆法精善，有勝於館臣改錄者。近日讀之，其大端與《明史》無甚出入。其不及史館定者，有數端焉：惠宗遜國，事本在疑似之間，今王本力斷為無，凡涉遜國之事，皆為刪削，不及史臣留程濟一傳以存疑。永樂以藩臣奪國，今古大變。王本於燕多恕辭，是以成敗論人，殊非直筆。然則吳濞、劉安輩亦足褒耶？不及史臣厚責之為愈。至於李廷機與沈淮、沈一貫，畢自嚴與陳新甲同傳，未免鸞梟並棲，殊無分析，不如史臣之分傳也。周<small>延儒</small>、溫<small>體仁</small>二相為戕削國脈之人，乃不入奸臣，而以顧秉謙輩齷齪當之，亦未及史臣本也。其他謬戾處不可勝紀，史臣皆為改正。蓋首創者難工，繼述者易善也。惟《三王<small>福 唐</small><small>桂 王</small>本紀》，較史本為詳。至於奏牘多於辭令，奇蹟罕於庸行，則二史病處正同；殊有愧於龍門，惟視宋、元二史為差勝也。"論頗持平。又推本《春秋》誅心之律，以為："王尚書鴻緒左袒廉王慶鬻之子以謀奪嫡。讀《明史稿》，於永樂篡逆，及姚廣孝、茹瑺諸傳，每多恕辭；而於惠帝，則指摘無完膚。蓋其心有所陰蓄，不覺流露於書，故古人不使奸人著史以此。王司徒允之言，未可厚非也。"則尤辭嚴而義正矣。

昔劉知幾撰《史通》，述史有六家，而歸於二體。然編年之體，祇具人事得失，而紀傳攸作，兼詳典章因革。若其舉一朝之將相除拜、封爵、襲替，而絲聯繩貫以為之表；羅一代之兵刑禮樂、文物制度，而原始要終以為之志。此則紀傳之所獨，而為編年有未逮也。獨怪後之為紀傳者，馬、班而還，徒萃精於紀傳。如陳壽、李延壽書，皆無表、志；沈約、蕭子顯、魏收書，及唐初所修各史，皆有志無表，《舊唐書》《五代史》亦如之。其有志有表者，又或詳略失宜，讀史者病焉。至宋熊方、錢文子迺有補志補表之作。爰及前清，踵出者衆；網羅放失，開卷釐然。上海姚文枏嘗倣《史》《漢》敘傳之體，敘錄其書，然而未盡。輒為補其闕遺，著目於下❶：

西漢郡國兵制，孟堅附入《刑法志》。京師衞士，見於《百官表》。不立兵志，非疏闕也。錄錢文子《補漢兵志》一卷。搜採本書，使散者畢萃，雖云借抒胸臆，於史學亦有功矣。

宋以前十七史，自《史記》《漢書》外，惟《新唐書》有表，餘蓋闕如。錄萬斯同補《歷代史表》五十九❷。媧皇之石，厥功偉哉！史之無表，自後漢始。錄熊方《補後漢書年表》十卷，蓋補表之蓽路藍縷矣。然海昏、不其、壽亭各條，《四庫全書總目》糾之。

---

❶ "下"原為"左"。——編者註
❷ 疑闕一"卷"字。——編者註

後有作者，削其瑕疵，摭其未備以成一書，抑亦熊氏之功臣也。錄錢大昭《後漢書補表》八卷。

藝文有志，昉於班書，所以辨章學術。而隋唐宋明，亦有著錄，或稱經籍，名異實同。而《後漢書》以下，多闕不為者。嘉定錢氏，史學世家，考鏡羣籍，補其放闕。繼起有作，亦復不鮮。錄錢大昭《補續漢書藝文志》二卷，侯康《補後漢藝文志》四卷、《補三國藝文志》四卷，姚振宗《補後漢藝文志》四卷、《三國藝文志》四卷，曾樸《補後漢書藝文志》一卷、《考》十卷，秦榮光《補晉書藝文志》四卷，顧懷三《補五代史藝文志》二卷，錢大昕《補元史藝文志》四卷，倪璠《補遼金元三史藝文志》一卷。

郝冀公《續後漢書》有《職官錄》，然雜采《史記》、前後《漢書》《晉書》之文，紀載冗杳，未可據為三國典要。況班書《百官表》，實承《史記》將相大臣年表之例。後世史臣，但為之志，失初意矣。錄洪齮孫《三國職官表》三卷。

兵之有志，始於《新唐書》。自是樂清錢氏𡊮遂起而補《漢書》之闕。越數百年，乃復有錢氏者，起而補《晉書》之闕；若有淵源者然。錄錢儀吉《補晉兵志》一卷。

崔鴻作《十六國春秋》，並為年表，今久佚矣。錄張庭碩《十六國年表》一卷。以太史公十二諸侯、六國年表，秦楚之際月表例之，雖補入《晉書》可也。

自漢以來，言地理者宗班《志》。司馬彪《續漢書志》，差可繼武。嗣後羣雄糾紛，疆域割裂；志之也愈難，而志之疏且闕也彌甚。然為其所難，正當於羣雄糾紛時見之。有能究心於此而為其所難，豈不可珍也哉！錄洪亮吉《三國疆域志》二卷、《東晉疆域志》四卷、《十六國疆域志》十六卷。

今《隋書》十志，乃梁、陳、齊、周、隋五代史志，《史通·古今正史篇》可證；則謂《梁書》無《地理志》不可也。然《晉書》有《地理志》，而洪亮吉東晉一種，史學家珍之，況梁固未有專志乎？錄洪齮孫《補梁疆域志》八卷。

嘗怪司馬彪志輿服，沈約、蕭子顯志符瑞、祥瑞，而食貨、兵刑之大闕焉。輕重顛倒，莫此為甚。後漢、南齊，未有為之補輯者。錄郝懿行《補宋書刑法志》一卷、《食貨志》一卷。

李延壽南、北《史》無表志。錄汪士鐸《南北史補志》十四卷。然沈約、蕭子顯、魏收及唐之史臣，既各為之志矣，雖闕有間，則志固可以緩補，而表則不可不補者也。錄周嘉猷《南北史表》六卷。

魏收作《魏書》，立《官氏志》。托克托修《金史》，立《部族表》。有元起自北方，宜同斯例，而史臣闕焉，是安可以不補。錄錢大昕《元史氏族表》三卷。

凡補志十四家，成書八十八卷；補表七家，成書九十卷。斯誠稽古之淵藪，而為史家之別錄也。

讀史當知史例、史意。劉知幾《史通》明史例，章學誠《文史通義》籀史意。而趙翼《廿二史劄記》，每一史融貫全書，而類族辨物，出以互勘，極春秋屬辭比事之能事；史例、史意，互發交明，遠勝錢大昕《廿一史考異》、王鳴盛《十七史商榷》之瑣碎考證。錢氏《考異》、王氏《商榷》，咸主考證，而有不同。譚獻《複堂日記》謂："錢氏《考異》，體例尤嚴。論著述，則錢託體高；論啟發，則王為功多。"誠哉是言。

讀史尤貴貫串。編年之史，莫如司馬光《資治通鑑》、畢沅《續資治通鑑》。紀事則有高士奇《左傳紀事本末》、袁樞《通鑑紀事本末》，陳邦瞻《宋史紀事本末》《元史紀事本末》、谷應泰《明史紀事本末》，皆貫串羣史之書。掌故則"三《通》"并稱。然鄭樵《通志》，惟二十略為精義獨闢，餘皆雜鈔史文，故應不如《通典》之義蘊宏深。杜佑《通典》通經義以貫史實，與章學誠《文史通義》推史義以窮經學，疏通致遠，則書教也；皆振古奇作。而論典制詳贍，莫如馬端臨《文獻通考》，宜與司馬《通鑑》同讀。《通鑑》編年繫月以通貫歷代之事實，《通考》博學詳說以通貫歷代之典章；《通鑑》為二十四史紀傳之總會，《通考》為二十四史書志之總會；相為經緯，可改稱為"二《通》"也。

讀史尤當知地理。而太倉陸桴亭世儀每教人："欲知地理，須是熟看《通鑑》；將古今來許多戰爭攻守去處，一一按圖細閱。天下雖大，其大形勢所在，亦不過數項。如秦蜀為首，中原為脊，東南為尾。又如守秦蜀者，必以潼關、劍閣、夔門為險。守東南者，必以長江上流荊襄為險。此等處俱有古人說過做過，只要用心理會。其或因事遠遊，經過山川險易，則又留心審視，以證吾平日書傳中之所得。久之貫通，胸中自然有箇成局。"然而託之空言，未及見之行事之深切著明。吾鄉顧祖禹景范為《讀史方輿紀要》一百三十卷，中《歷代州域形勢》九卷、《南北直隸十三省封域山川險要》一百十四卷、《川瀆異同》六卷、《天文分野》一卷，而開方繪圖以冠於編。貫穿諸史，出以己所獨見；徵引浩博，考證詳明，於山川形勢險易、古今戰守攻取、成敗得失之跡，皆得其要領。以古今之方輿，衷之於史，卽以古今之史，徵之於方輿；職方、廣輿諸書，襲譌踵謬，名實乖錯，悉據正史考訂、折衷之。其後清高宗敕撰《通鑑輯覽》，而地理之志，多采其說焉。此真數千百年所絕無而僅有之書也。然有開必先，未嘗無所本。宋儒王應麟為《通鑑地理通釋》十四卷。其書以《通鑑》所載地名異同沿革，最為糾紛，而險要阨塞所在，其措置得失，亦足為有國者成敗之鑒，因各為條例；首歷代州域，次歷代都邑，次十道山川，次歷代形勢，而終以唐河湟十一州、石晉十六州、燕雲十六州。旁徵博引，有本有末，雖不及《讀史方輿紀要》之博該，而規模粗具；敘列朝分據戰攻，陳古監今，儻為顧氏之大輅椎輪焉。

有史學家，有史家。史家記事述言，次第其文，左丘明、太史公，是也。史學家發凡起例，籀明其義，劉知幾、章學誠，是也。劉知幾作《史通》，章學誠纂《文史通義》，千載相望，駢稱絕學。然而有不同者：劉知幾別出經生而自成史家，章學誠綜該經學而貫以史例；劉知幾著書言史法，章學誠發凡籀史意；劉知幾議館局纂修之制，章學誠明一家著述之法。其大較然也。

章學誠嘗以：世士以博稽言史，則史考也；以文筆言史，則史選也；以故實言史，則史纂也；以議論言史，則史評也；以體裁言史，則史例也。唐宋至今，積學之士，不過史纂、史考、史例；能文之士，不過史選、史評。其間獨推劉知幾、曾鞏、鄭樵皆良史才，生史學廢絕之後，能推明古人大體。然鄭樵有史識而未有史學，曾鞏具史學而不具史法，劉知幾得史法而不得史意。故欲徧察其中得失利病，為一家之學，上探《尚書》《春秋》，下該遷《史》班《書》，甄別名實，品藻流別，約為科律，為《文史通義》一書。竊嘗櫽括其意以明史法，必備三書、具三物、歷二程、參二法而後可以成家。就類例言，當備三書。倣紀傳正史之體而作《紀傳》，放律令典禮之體而作《掌故》，放文選文苑之體而作《文徵》；三書相輔而行，闕一不可。合而為一，尤不可也，而要其原本於六經。六經皆史也。後世襲用而莫之廢者，惟《春秋》《詩》《禮》三家之流別耳。《紀傳》正史，《春秋》之流別也；《掌故》典要，《官禮》之流別也；《文徵》諸選，《風詩》之流別也。獲麟、絕筆以還，後學鮮能全識古人之大體，必積久而後漸推以著也。馬《史》班《書》以來，已演《春秋》之緒矣。劉氏《政典》、杜氏《通典》，始演《官禮》之緒焉。呂氏祖謙《文鑑》、蘇氏天爵《文類》，乃演《風詩》之緒焉。並取括代為書，互相資證，無空言也。就組織言，當具三物，孟子曰："其事""其文""其義"，《春秋》之所取也。夫史之為道，文士雅言，與胥吏、案牘皆不可用。然捨是二者，則無以為史。卽簿牘之事，而潤以爾雅之文，而斷之以義。譬之人身，事者其骨，文者其膚，義者其精神也。必斷之以義，而書始成家。故史之大原，本乎《春秋》。《春秋》之義，昭乎筆削。筆削之義，不僅事具始末，文成規矩。以夫子"義則稱取"之旨觀之，固將綱紀天人，推明大道，所以通古今之變，而成一家之言者，必有詳人之所略，異人之所同，重人之所輕，而忽人之所謹；繩墨之所不可得而拘，類例之所不可得而泥，而後微茫秒忽之際，有以獨斷於一心。及其書之成也，自然可以參天地而質鬼神，契前修而俟後聖。此一家之學所以可貴也。就程序言，當歷二程，由比類而著述。班氏撰《漢書》，為一家著述矣；劉歆、賈護之《漢記》，其比類也。司馬撰《通鑑》，為一家著述矣；二劉、范氏之《長編》，其比類也。比次之書，則掌故、令史之孔目，簿書、記注之成格；不名家學，不立識解。以之整齊故事，而待好學深思，心知其意者之裁定；其事雖本柱下之所藏，其用止於備稽檢而供采擇，初無他奇也。然而獨斷之學，非是不為取裁。就述作言，當參二法：一曰文集而參紀傳之法；二曰紀傳而參本末之法。史之紀傳，事不複出，斳於互見。如《史記》《漢書》，於《高紀》，則云語在《項傳》；於《項傳》，則曰事具《高紀》。如此者多。匪惟紀傳為然，古人之文，一集之中，亦無緟復。且如稱人之善，見於祭文，則不復見於誌；見於誌，則不復見於他文。後之人讀其全集，可以互見也。又有互見於他人之文者。劉夢得作《柳子厚文集序》曰："凡子厚名氏，與仕，與年暨行己之大方，有退之之誌若祭文在。"歐陽公作《尹師魯誌》，不言近日古文自師魯始，以為范公祭文已言之，可以互見。事無緟複，文相牝牡，此之所略，彼之所詳。此文集而參紀傳之法者也。特是紀傳苦於篇分：同為一事，分在數篇，斷續相離。司馬光《通鑑》病紀傳之分，而合之以編年。袁樞《紀事本末》又病《通鑑》之合，而分之以事類。紀事本末之作，本無深意，而因事命篇，不為成法；文省於紀傳，事豁於編年，則引而伸之，擴而充之；遂覺窮變通久以復於《尚書》之因事裁篇，反本修古，不忘其初。而諸史有作，人有同功一體，傳以類聚羣分；以人為經，以事為緯。《金史》《明史》，厥例尤夥。蓋承袁氏《本末》之體，而會其意者也。此紀傳而參本末之法者也。遜清作者，代不乏人。文集而參紀傳之法者，餘姚邵廷寀念魯《思復堂文集》是也；紀傳而參本末之法者，邵陽魏源默深《元史稿》是也。邵氏之集，章學誠之所及見者也。思復堂文，多為明人傳記，以存一代掌故；與四明全氏祖望《鮚埼亭集》同指，而全氏著書嘗排訾之。然論文章，則不如思復堂遠甚。蓋全氏修辭飾句，蕪累甚多，不如思復堂辭潔氣清。若其泛濫馳驟，不免蔓衍冗長，不如《思復堂集》雄健謹嚴，語無枝剩。至於數人共為一事，全氏各為其入傳狀、碑誌，敍所共之事，複見疊出；不知古人文集，同在一集之中，必使前後虛實，分合之間，互相趨避，乃成家法。而全氏不然。以視《思復堂集》全書止如一篇，一篇止如一句，百十萬言，若可運於掌者，相去又不可以道里計矣。魏氏之史，章學誠之所未及見也。其書大體以"開國功臣""平金功臣""平蜀功臣""平宋功臣""某朝相臣""某朝文臣""治歷、治水諸臣"等名，為列傳標題，然後以一人為主，而與之有關者，胥以類敍入；每篇之首，先提綱挈領為之敍述，以清眉目。原始要終，主從分明。是則仍紀傳之體而參本末之法；神明其意，為從此百千年後史學開山。章學誠別出心裁，而語欠融貫，為條其凡如此。

一生問現代史學之趨勢若何，余告之曰：現代治國史者不外兩派，大抵言史例、史意者一派，紹明章學誠之緒論，如張爾田、何炳松是也；一派考證上古，以疑經者疑史，揚康有為之唾餘，顧頡剛為此中健者。張爾田著《史微》，顧頡剛著《古史考》，皆為後生所喜誦說。然而語多鑿空，意圖騁臆。獨嚴復每勸人讀宋元明史，以為："吾儕今日思想、風俗、政治，直接、間接，可於宋元明史籀其因果律。"顧獨無為之者。不過宋元明事證確鑿，時代相接，不如上古荒渺之便於鑿空，史例、史意之可騁臆談耳。

丁生學賢來，談上古史，涉《竹書紀年》。余告之曰：君子治學，總須不囿於風氣；而卒為風氣所囿者，俗學也。即以上古史而論，《竹書紀年》，豈可為典要，而世論偏疑太史公而信《紀年》，又或執以難《尚書》，此真大惑不解。第一，世所傳《竹書紀年》，不必即出西晉人所見。第二，作者原書，必出西晉忿世嫉俗之士，所謂："舜禹之事，吾知之矣"，以寄其嘅。《晉書·束晳傳》：太康二年，汲郡人不準盜發魏襄王墓，或言安釐王冢，得竹書數十車。其《紀年》十三篇，記夏以來至周幽王為犬戎所滅。以事按之，三家分晉，仍述魏事，至安釐王之二十年，蓋魏國之史書，大略與《春秋》皆多相應。其中經傳大略，則云"夏年多殷，益干啟位，啟殺之。太甲殺伊尹，文丁殺季歷"云云。世傳《紀年》起自黃帝，而不止記夏以來；至云"夏年多殷，益干啟位，啟殺之"，則又今本之所無。蓋今本《紀年》，夏自禹至桀十七世，有王與無王，用歲四百七十一年。商湯滅夏以至於受二十九王，用歲四百九十六年。則是夏年不多於殷也。又云："禹立四十五，禹薦益於天。七年，禹崩。三年喪畢，天下歸啟。帝啟元年癸亥，帝卽位於夏邑。二年，費侯伯益出就國。六年，伯益薨。祠之。"則是益不干啟位，亦無啟殺之之事也。旣與《晉書》所稱大異。而黃伯思《東觀餘論》歷引杜預以為駁難，謂："預云《紀年》起自夏商周，而此自唐虞以降皆錄之。預云《紀年》皆三代王事，無諸國別，而此皆有諸國。預云《紀年》特記晉國，起殤叔，次文侯、昭侯，而此記晉國世次自唐叔始；是二者又與《紀年》異矣。及觀其紀歲星事，有杜征南洞曉陰陽之語。"卽此可徵世所傳《紀年》，匪西晉人所云汲冢書明也。汲冢書，作者必出當日畸士。如嵇康之輩，目覩曹魏司馬氏借禪讓以行篡弒，意有所鬱結不得攄，託古諷今，故為謬異其說。陳壽《魏志·文帝丕傳》敍受漢禪，乃為壇於繁陽。裴松之注引《魏氏春秋》曰："帝升壇禮畢，顧謂羣臣曰：'舜禹之事，吾知之矣。'"《王粲傳》附嵇康，裴松之注引《魏氏春秋》曰："山濤為選曹郎，舉康自代。康答書拒絕，因自說不堪流俗而非薄湯武，大將軍<small>司馬昭</small>聞而怒焉。"康《與山巨源絕交書》自稱："每非湯武而薄周孔，會顯世教所不容。"而《紀年》云："益干啟位，啟殺之。"又云："伊尹放太甲於桐，乃自立；王潛出自桐，殺伊尹。"與孟軻稱說不同。此眞所謂"非湯武而薄周孔，會顯世教所不容"者也。特干忌諱，故託出汲冢以避世罔耳。在作者別識心裁，恃以發嘅，而必據為典要，以疑《尚書》，則甚矣人之好怪也。

卷十二　小　學

　　詁與訓有殊。詁者，所以通古今之言；訓者，所以籀章句之指。詁者，古言也；古今異言，以今言解古言，使人易知也。訓者，順也；聖人發言為經，語有緩急，順以為解，勿乖其指也。二者交濟，莫可一闕。詁而不訓，其失則拘而流於瑣，漢儒是也；訓而不詁，其弊也臆而失之疏，宋儒是也。自昔解詁，必本聲音。先擇同音之字。如《中庸》："仁者人也。"不獲，乃求之一音之轉；如"義者宜也。"不獲，乃求之雙聲。如《易傳》："象者材也""漸者進也""頤者養也"，《孟子》："序者射也。"又不得乃求之疊韻。如《易傳》："乾，健也""坤，順也""坎，陷也""離，麗也"，《孟子》："庠者，養也""校者，效也。"聲韻咸不可得，乃求諸習慣易知之字。《爾雅‧釋詁》，漢儒箋經，大率如此，可考而按也。

　　劉熙《釋名》，以諧聲解詁，得《爾疋》之意。許慎《說文》，以同體分部，本《急就》之語。

　　休寧戴震東原為漢學大師，皖派開山。每謂有志聞道，當先從事於字義、制度、名物以通六經之語。考諸篆書，由《說文》以覘古聖人制作本始，更念《爾疋》為承學津筏，又殫心其書，遂為後來治學者開一法門。其學一傳而為金壇段玉裁懋堂。段玉裁闡揚師說，窮微極博，撰《說文解字注》，因字形以說字音字義；謂："《說文》《爾疋》相為表裏。治《說文》而後《爾疋》及傳注明。

《說文》《爾疋》及傳注明，而後謂之通小學，而後可通羣經之大義。"而於是漢學之機括以發。然《爾疋》本為詁經，而《說文》祇以解字，桐城方東樹植之為《漢學商兌》，辨之極詳。其大指以為："許君自序，緣秦初作隸書而古文絕。漢初，猶試諷籀書，試八體。其後尉律不課，小學不修，莫達其說。宣平以後，張敞、杜業、揚雄諸儒，通其學者，著《訓纂篇》等書，始稍稍略復存之。及新莽居攝，甄豐頗改定古文，而壁書及張蒼所獻《春秋左氏傳》，及郡國所得山川古文，時人不識，共相非訾；詭更正文，鄉[1]壁虛造，變亂常行，不合孔氏古文，謬於篆，故博采通人，考之賈逵，作《說文》。其書以秦篆為本，合以《史籀》大篆及古文。古文者，《易》孟氏、《書》孔氏、《詩》毛氏、《禮》周官、《春秋》左氏、《論語》《孝經》及山川奇字。據此云云，是許君作《說文》，本以經古文解說文字，非以文字訓詁經義。許沖上表言'今五經之道昭炳光明。而文字者，其本所由生'云云，語意分明。蓋謂經義本解已著，此特引證，用以說解文字耳。《說文》既作，復作《五經異義》，則許氏未嘗以專用《說文》足證經矣。《說文》所引經文，多有一字殊見。如《易》既引'以往吝'，又引'以往遴'；《書》既引'旁述孱功'，又引'旁救孱功''方鳩孱功'；《詩》既引'褻袡'，又引'䋛絆'；《論語》既引'色勃如也'，又引'色艴如也'。此類甚多。當由經師各承一家之學，各以所見為定本，是以不合，而許君亦不能定之。今於許君所不能定，而欲求之《說文》以定，益以惑矣。《說文》所引異字，即今經文讀某之字。洪容齋及近人錢大昕氏嘗錄出凡數百字。今經文皆不復見，不適於用，不與馬、鄭相應，

---

[1] "鄉"，當為"嚮"。——編者註

是後人尚不能得其所異之字，又何能以之定經義之說乎？許君本以六書之義解說文字，謂聖人不虛作，必有依據。所謂依據者，指六義也。凡以明聖人作此字之義，有一定依據也。若夫經義則不然。有一字作一義用，有一字作數義用；今執《說文》以一字一義考經，所以致以文害詞，以詞害意，穿鑿而不可通也。蘇子瞻曰：'字同義異，必欲一之，雕刻綵繪以成其說，是以六經不勝異說，而學者疑焉。'又不僅是。顧亭林曰：'六經之文，左、公、穀、毛萇、孔安國、鄭眾、馬融諸儒之說，未必盡合。而叔重生於東京之中世，所本者，不過劉歆、賈逵、杜林、徐巡等十餘人之說，而以為盡得古人之意，然歟否歟？五經未遇蔡邕等正定之先，傳寫人人各異。今其書率多異字。而以今經校，則《說文》為短。又一書之中，有兩引而其文各異者，後之讀者，將何所從？且其書流傳既久，豈無脫漏。'即徐鉉亦謂：'篆書日久湮替，錯亂遺脫，不可悉究。'又序《韻譜》曰：'今承詔定《說文》，更與諸儒精加研覆；又得李舟所著《切韻》，殊有補益。其間有《說文》不載，而見於《序例》《注義》者，必為脫漏，並存編錄。'可知《說文》本有脫漏。今漢學諸人堅謂此書所闕者，必古人所無；或見他書所有而疑，或別指一字以當之。改經文以就《說文》，不亦支離回護之甚耶？"其辭頗夥。而湘潭王闓運壬秋每教學者，亦曰："說經以識字為貴，而非識《說文解字》之為貴。"及為郭生序《六書討原》，則曰："許雖博訪，未求理董。至其釋帝從刺，畏鬼如虎，顯違經訓，殆等俳優；馬頭四羊，猶愈於此。"則於叔重大有微辭。亦言《說文》以治經訓者不可不知。

《說文》九千三百五十三字，以形相從，分別部居。而清儒自戴東原以下，則欲以聲相從，別作一書。戴氏《答段若膺論韻書》，稱

"作《諧聲表》，使以聲相統，條貫而下如譜繫"云云。顧徒有其說而未成書。段若膺遂師其意以成《古十七部諧聲偏旁表》，而序其端曰："考周秦有韻之文，某聲必在某部，至賾而不可亂。故視其偏旁以何字為聲，而知其音在某部；易簡而天下之理得也。許叔重作《說文解字》時，未有反語，但有某聲；某聲即以為韻書可也。自音有變轉，同一聲而分散於各部韻。如一'某'聲，而'某'在厚韻，'媒''腜'在灰韻；一'每'聲，而'悔''晦'在隊韻，'敏'在畛韻，'痗''痼'在厚韻之類。參差不齊，承學多疑，要其始則同諧聲者必同部也。《三百篇》及周秦之文備矣。輒為《十七部諧聲偏旁表》，補古六藝之散逸。類列某聲某聲，分繫於各部以繩今韻，則本非其部之諧聲而闌入者，憭然可覩矣。"而陳氏則用段氏十七部，分為十七卷；每卷若干部，以所諧之聲為部首。諧其聲者下一字書之，又諧此字之聲者，又下一字書之。有高下至四五列者，名曰《說文聲表》；子母相生，朗若列眉矣。

顧炎武撰《詩本音》十卷、《易音》三卷，江永撰《古音標準》四卷，皆以《詩三百》篇之用韻，旁證《易象》《楚詞》及周秦諸子有韻之辭，觀其統同以明古音。論者以為明陳第撰《毛詩古音考》四卷、《屈宋古音義》三卷，開前路之驅。而遠溯明以前，著一書以明古音者，實自宋武夷吳棫才老始。蓋棫音《詩》、音《楚辭》，據其本文，推求古讀。朱子注《詩》，遂用棫說。特棫必叶韻為說，而陳第則以為古人之者原與今異；凡此所稱叶韻，皆即古人之本音耳。然駁吳棫叶韻之說者，實自楊慎撰《古音略例》一卷先開其鍆。<small>慎書取《易》《詩》《禮記》《楚辭》《老》《莊》《荀》《管》諸子有韻之詞標為《略例》謂棫於《詩》必叶音不思古韻寬緩，如字讀自可叶，何必勞脣齒齦費簡冊</small>第因慎例而推闡加密，遂開清儒音學之先河；不得數典而忘其祖也。

卷十三　諸　子

道與儒不相兼。道者明道，儒家隆禮。道之大原出於天，禮之所起施於人。天人之分，即儒道之辨。近儒張爾田尤有味乎其言之，以為："道家宗旨，明天者也，故其言道也，則曰：'有物混成，先天地生。吾不知其名，字之曰道''道法自然。'^老儒者宗旨，明人者也，故其言道也，則曰：'道者，非天之道，非地之道，人之所道也。'^荀孔子儒而兼道，故明天人相與之際。道家純任天道，孔子則修人道以希天。儒家務盡人道，孔子則本天道以律人。"語見所著《史微·內篇》修人道以希天者，《春秋》教也；本天道以律人者，《易》學也。子所雅言，《詩》《書》執禮。孔子以《詩》《書》《禮》《樂》教，弟子蓋三千焉。而《易》《春秋》不與者，性與天道不可得聞也。其後子思、孟軻衍其道統，則曰："天命之謂性，率性之謂道"《庸》"盡其心者，知其性也；知其性，則知天矣！"《孟子盡心上》是"道法自然"之意也。荀卿傳其儒學，則曰："《書》者，政事之紀也。《詩》者，中聲之所止也。禮者，法之大分，類之綱紀也，故學至乎禮而止。"《荀子勸學篇》是《詩》《書》執禮之教也。漢代經生，近承荀學；宋儒理學，上衍道統。

荀子道性惡，故重師法；重師法，則不得不勸學。而學之所以有成功者，有二道焉：曰"專"，曰"積"。唯"專"，乃能"積"漸；唯"積"，斯以徵"專"。"目不能兩視而明，耳不能兩聽而聰；

螣蛇無足而飛，梧鼠五技而窮。蟺無爪牙之利，筋骨之強，上食埃土，下飲黃泉，用心一也；蟹六跪而二螯，非蚰蟺之穴，無可寄託者，用心躁也。"此"專"之說也。"不積跬步，無以致千里；不積小流，無以成江海。騏驥一躍，不能十步；駑馬十駕，功在不舍。鍥而舍之，朽木不折；鍥而不舍，金石可鏤。"此"積"之說也。"積土成山，風雨興焉；積水成淵，蛟龍生焉。積善成德，而神明自得，聖心備焉。為善不積耶？安有不聞者乎？"此荀子之所為"勸"而學之所以有成功也。若論為學之次第，則甚致謹於"義"與"數"之辨，以為："其數始乎誦經，終乎讀禮；其義則始乎為士，終乎為聖人。真積力久則入，學至乎沒而后止也。故學數有終，若其義則不可須臾舍也。為之，人也；舍之，禽獸也。"此"義"與"數"之別也。而"禮"則學"數"之終，道德之極。故曰："道德仁義，非禮不成""禮者，法之大分，類之綱紀也，故學至乎禮而止矣。夫是之謂道德之極。"此其大略云爾。

《歐陽文忠集》有《鄭荀改名序》，中謂："荀卿子獨用《詩》《書》之言。"未為知荀子也。按孟子曰："頌其《詩》，讀其《書》。"<small>萬章下</small>《史記·孟子列傳》曰："序《詩》《書》，述仲尼之意作《孟子》七篇。"趙岐《孟子題辭》曰："孟子通五經，尤長於《詩》《書》。"陳氏此記，歷舉孟子引《詩》者三十，論《詩》者四；引《書》者十八，論《書》者一。至於諸侯之禮，則曰："吾未之聞。"<small>盡孝篇</small>則是獨用《詩》《書》之言者，孟子，而非荀卿子也。至荀卿子著《儒效篇》，則以不知隆禮義而殺詩書為俗儒，隆禮義、殺詩書為雅儒。其《勸學篇》則曰："禮者，法之大分，類之綱紀也，故學至乎禮而止矣。夫是之謂道德之極。將原先王，本仁義，則禮正其經緯、蹊逕也；若挈裘領，詘五指而頓之，順者不可勝數也。不道禮憲，以詩書為之，譬之猶以指測河也，以戈舂黍也，以錐飡壺也，不可以得之。"以視孟子之斷斷於"頌《詩》讀《書》"者，不可同年而語矣。然則隆禮貴義者，荀卿之學；而頌《詩》讀《書》者，孟子之學也。

閱阮元《曾子章句》《子思子章句》而發所疑焉。竊按《漢書·藝文志》部錄諸子，必謹師承，如儒家《曾子》十八篇、《宓子》十六篇之系曰孔子弟子，李克七篇之系曰子夏弟子，《孟子》十一篇之系曰子思弟子，皆其例也。獨世稱子思為曾子弟子，而《子思》二十三篇，系之曰孔子孫，而不稱曾子弟子；且以次《曾子》十八篇之前。細籀二子所著書，子思稱《詩》《書》而道盡性，肇啟孟子，傳道統；曾子善言禮而隆威儀，毗於荀卿，為儒宗。其功夫一虛一實，其文章一華一樸，故不同也。近儒章炳麟為《徵信論》曰："宋人遠迹子思之學，上隸曾參。尋《制言》《天圓》諸篇，與子思所論述殊矣。《檀弓》記曾子呼伋。古者言質，長老呼後生，則斥其名；微生畝亦呼孔子曰丘，非師弟子之徵也。《檀弓》復記子思所述，鄭君曰：'為曾子言難繼，以禮抑之。'足明其非弟子也。近世阮元為《子思子章句》，亦曰：'師曾迪孟。'孟軻之受業，則太史公著其事矣。師曾者，何徵而道是耶？"見《太炎文錄》知言哉。

荀子之學，多與孟子違。然按荀子書，明稱孟子者廑三篇，其中有非孟子之所學者，有引孟子之逸文者。如《非十二子篇》，非思、孟之造五行；《性惡篇》，駁孟子之道性善。此非孟子之所學者也。又《性惡篇》引孟子曰："今人之性善，將皆失喪其性故也。"楊倞注："孟子言失本性故惡也。"《大略篇》："孟子三見宣王不言，門人曰：'曷為三遇宣王而不言事？'孟子曰：'我先攻其邪心。'"楊倞注："以正色攻去邪心，乃可與言也。"皆為《孟子》七篇所不載。此引孟子之逸文者也。《韓詩外傳》取《荀子·非十二子篇》而刪其非子思、孟子之語。王應麟《困學紀聞》遂謂非子思、孟子者，為韓非、李斯之流，託其師說以毀聖賢；此欲為荀子回護耳。然按揚子《法言·君子篇》："或曰：'子小諸子，孟子非諸子乎？'曰：'諸子者，以其異於孔子者也。孟子異乎不異？'或曰：'荀卿非數家之書，侻也。至於子思、孟軻，佹哉。'曰：'吾於荀卿歟？見同門而異戶也。唯聖人為不異。'"則雄所見《非十二子篇》，蓋有非子思、孟子之語矣。

《詩》為儒者六藝之一，而賦者，古詩之流。《漢志·詩賦略》區分五種，而專門名家以自樹幟者，曰屈原、陸賈、孫卿。陸賈、孫卿既隸儒家，而陳氏亦謂屈原、宋玉，雖詩賦家而推究其學，則出儒家；然則詩賦家者，儒家之支與流裔。子以四教，而文冠首；聖門四科，而文學其一。子貢曰："夫子之文章，可得而聞。"顏淵稱："博我以文。"而韓非《顯學》，譏切"儒以文亂法"。然則文者，儒之所頡以別異於諸子，而詩賦一略，揆之六藝，則《三百篇》之雲仍；以衡十家，亦儒者之別材。揚子雲鄙薄賦以"壯夫不為"，_{《法言·吾子篇》}而謝儀曹詩，則又謂："高文一何綺，小儒安足為。"雖辭指之軒輊有異，而歧文章以別出於儒，則一指而同歸，不如杜子美詩"風流儒雅是吾師"之詠宋玉為得其通。而劉勰《文心雕龍》有《詮賦篇》，亦謂："賦者，受命於詩人，拓宇於楚辭。"亦衡文章流別者之所不可不知也。然而窮其淵源，尚未悉其流變。吾則見為辭賦家者流，蓋原出詩人風雅之遺，而旁溢為戰國縱橫之說。縱橫家者流，本於古者行人之官。觀《春秋》之辭命，列國大夫聘問諸侯，出使專對，蓋欲文其言以達旨而已。至戰國而抵掌揣摩，騰說以取富貴；其辭鋪張而揚厲，變其本而恢奇焉，不可謂非行人辭命之極也。孔子曰："誦《詩》三百,授之以政,不達;使於四方,不能專對;雖多,奚為?"是則比興之旨,諷諭之義,固行人之所肄也。縱橫者流推而衍之,是以能委折而入情,微婉而善諷也。賦者,古詩之流,而為縱橫之繼別。比興諷諭,本於詩教;鋪張揚厲,又出縱橫。故曰:"賦者,鋪也。"鋪張揚厲,體物寫志也。體物寫志,故曰古詩之流;鋪張揚厲,乃見縱橫之意。余讀太史公為《屈原列傳》,敍原之作《離騷》,必先之曰:"嫺於辭令。"又卒之曰:"屈原既死之後,楚有宋玉、唐勒、景差之徒者,皆好辭而以賦見稱,然皆祖屈原之從容辭令。"其後,司馬長鄉之《子虛》《上林》,與宋玉之《登徒》《高唐》,遂客主以首引,極聲貌以窮文,皆祖屈原之從容辭令,一脈相傳;妙在疏古之氣,寓於麗則,腴而奧,圓而勁,有縱橫之意,無排比之迹。宋玉以女色為主,長鄉以遊畋為主,所以諷也;而見用意處,不在鋪張揚厲,正在間間一二冷語。此文章之體要,而辭賦之寫志。然使一直說出,有何意味。後人無鋪張之才,純以議論見意,於是乖體物之本矣。

　　《管子》八十六篇,《漢書·藝文志》以入道家,其義蓋本太史公。觀太史公《論六家之要指》,謂:"道家無為,又曰無不為。其術以虛無為本,以因循為用,無成勢,無常形。"而傳管子之相齊,則曰:"下令如流水之原,令順民心,故論卑而易行。俗之所欲,因而與之;俗之所否,因而主之。其為政也,善因禍而為福,轉敗而為功,貴輕重,慎權衡。桓公實怒少姬,南襲蔡;管仲因而伐楚,責包茅不入貢於周室。桓公實北征山戎,而管仲因而令燕修召公之政。於柯之會,桓公欲背曹沫之約,管仲因而信之,諸侯由是歸齊。"豈非所謂"以虛無為本,以因循為用,無成勢,無常形"者乎?其可徵於管子書者曰:"無為之道,因也;心術者,無為而制斁。"〔術〕亦與太史公之言相符，故《漢書·藝文志》以入道家也。自《隋書·經籍志》始以入法家；陳氏之說誤也。

道法自然，老子之指；而究其用，卒陷於大不自然。侯官嚴復又陵好以英哲家斯賓塞爾《羣學》論衡《老子》，以為："質之趨文，純之入雜，由乾坤而純至於未既濟，亦自然之勢也。老氏還淳返樸之義，猶驅江河之水而使之在山，必不逮矣。夫物質而強之以文，老氏訾之，是也；而物文而返之使質，老氏之術，非也。何則？雖前後二者之為術不同，而其違自然、拂道紀，則一而已矣。故今之治，莫貴乎崇尚自由。自由，則物各得其所自致；而天擇之用，存其最宜。而太平之盛，可不期而自至。"〔見熊氏刻《嚴復評老子》〕正與陳氏引趙邠卿、崔寔政論之意相發。

老子曰："天長地久。天地所以能長久者，以其不自生，故能長生。是以聖人後其身而身先，外其身而身存。非以其無私耶？故能成其私。"然則長生修仙以蘄不死者，固非老子之所許矣。而方士之言神仙長生者，多託老子，何也？列子《楊朱篇》載："孟孫陽問楊子曰：'有人於此貴生愛身以蘄不死，可乎？'曰：'理無不死。''以蘄久生，可乎？'曰：'理無久生。生非貴之所能存，身非愛之所能厚。且久生奚為？五情好惡，古猶今也；四體安危，古猶今也；世事樂苦，古猶今也；變易治亂，古猶今也。既聞之矣，既見之矣，既更之矣。百年猶厭其多，況久生之苦也乎？'孟孫陽曰：'然。速亡愈久生，則踐鋒刃，入湯火，得所志矣。'楊朱曰：'不然。既生，則廢而任之，究其所欲，以俟於死；將死，則廢而任之，究其所之，以放於盡。無不廢，無不任，何遽遲速於其間乎？'"此則道家之貴身任生，而壹仍乎道法自然之指者也。豈長生修仙以蘄不死之謂哉！

楊朱為老學之一支。其說具見《列子·楊朱篇》。而中亦有別：

"古之人，損一毫，利天下，不與也；悉天下，奉一身，不取也。故智之所貴，存我為貴；力之所賤，侵物為賤。然身非我有也，既生，不得不全之；物非我有也，既有，不得不去之。身固生之主，物亦養之主。雖全生身，不可有其身；雖不去物，不可有其物。有其物，有其身，是橫私天下之身，橫私天下之物。其唯聖人乎？公天下之身，公天下之物。"此貴身任生之指，豈非老子所謂"聖人後其身而身先，外其身而身存""非以其無私，故能成其私"者耶？至云："從心而動，從性而游""肆之而已，勿壅勿閼。恣耳之所欲聽，恣目之所欲視，恣鼻之所欲向，恣口之所欲言，恣體之所欲安，恣意之所欲行。"則輕身肆志之意爾。而要歸本於老之道法自然。世言戰國衰滅，楊與墨俱絕。然以觀漢世所稱道家楊王孫之倫，皆厚自奉養。魏晉清談興，王、何之徒，益務為藐天下，遺萬物，適己自恣，偷一身之便；則一用楊朱之術之過，而老莊不幸蒙其名。

余觀儒謹執禮，道任自然。章太炎言："執禮者，質而有科條，行亦匡飭。禮過故矜，平之以玄；玄過故蕩，持之以禮。禮與玄若循環，更起用事。"先秦而降，數千年間，漢初尚黃老，漢武禮儒者，魏晉談老莊，唐宋宗孔孟；迭為王厭，唯孔與老，寧有墨學迴翔之餘地者。而墨學中興，不過輓近數十年間爾。自歐化之東漸，學者慚於見絀，反求諸己而得一墨子焉。觀其兼愛、非攻，本於天志，類基督之教義。而《經》《經說》《大取》《小取》諸篇，可以徵西來之天算、重光諸學，又於邏輯之指有當。由是談歐化者忻得植其基於國學焉。此輓近墨學之所為翹然特出，而代王於久厭之後者也。然皮傅歐化，何必墨氏；楊朱為我，夫豈不可？西人自由，以不侵人之自由為界，猶之楊氏為我，以侵物為賤乎？吾國古哲名理，何所不孕包，獨鯫生不學，乃自輕其家丘耳。

卷十三　諸子

　　孟子以楊朱為我為充塞仁，而斥之曰無君；墨子兼愛為充塞義，而斥之曰無父。其畢生心事，在距楊、墨。楊朱拔一毛而利天下不為，卽其無君之罪案。君之為言羣也，不必作君主解。然楊朱旨在存我，而以侵物為賤；以公天下之身，公天下之物，為至人。語見《列子·楊朱篇》。則是為我而非無君也，未嘗充塞仁也。墨子兼愛，以兼相愛、交相利為言；利我之道，卽存愛他，故必先從事乎愛利人之親，然後人報我以愛利吾親。語詳《墨子·兼愛篇》。則是兼愛而非無父也，未嘗充塞義也。楊朱為我，而尊重個人之自由，有似法蘭西之民主政治；墨子兼愛，而流為極端之干涉，頗類蘇俄之勞農政治。

　　墨子有《尙同篇》，莊生有《齊物論》，標題攸同，而歸趣不一。莊生任不齊以為大齊，墨子壹衆異以統於同；一放任，一專制。

　　《孟子》"墨者夷之"章，本人情以立言。然觀《墨子·節葬篇》，亦自言之有故，持之成理。而荀子《禮論篇》則曰："刻死而附生謂之墨。夫厚其生而薄其死，是敬其有知而慢其無知也，是奸人之道而倍叛之心也。君子以倍叛之心接臧穀，猶且羞之，而況以事其所隆親乎。"其大指歸於稱情而立文。大抵儒者順人情，故久喪以為盡哀，厚葬以為飾終；墨者上功用，故久喪以為廢事，厚葬以為傷財。此儒墨之辨也。又不蘧是。吾見墨氏尙同，儒者明分。尙同，斯貴兼以斥別；明分，故等衰之有差。《墨子·兼愛下》曰："別士之言曰：'吾豈能為吾友之身若為吾身，為吾友之親若為吾親。'別士之言若此，兼士不然。曰：'必為其友之身，若為吾身；必為其友之親，若為吾親；然後可以為高士於天下。'"斯墨氏之上同也。儒者則不然。《孟子·盡心下》曰："君子之於物也，愛之而弗仁；於民也，仁之而弗親。親親而仁民，仁民而愛物。"《朱子集

101

注》引楊氏曰："其分不同，故所施不能無差等。"則是明愛之有差等而貴明分也。《荀子·富國篇》曰："禮者，貴賤有等，長幼有差，貧富輕重皆有稱者也。無君以制臣，無上以制下，天下害生縱欲，欲惡同物。欲多而物寡，羣而無分則爭。爭者，禍也。救患除禍，則莫若明分使羣矣。故無分者，天下之大患也；有分者，天下之本利也。兼足天下之道在明分。"則是明禮之不可無等差而貴明分也。此儒墨之辨也。

自晉魯勝序《墨辯注》謂："墨子著書作《辯經》，以正名本。惠施、公孫龍祖述其學，以正別名顯於世。"畢沅云："《經》上下、《經說》上下四篇，有似堅白異同之辯。"《墨子》畢氏刻本，孫星衍附記此語。至近代，梁啟超、胡適盛衍其說。獨章士釗明其不然，大指以為："施、龍祖述墨學，說創魯勝，前未有聞。《漢書·藝文志》，名墨流別，判然不同。施、龍之名，隸名而不隸墨。《荀子·解蔽篇》曰：'墨子蔽於用而不知文，惠子蔽於辭而不知實。'墨、惠並舉，而所蔽之性，適得其反；謂為師承所在，詎非讕言。今觀惠、墨兩家，同論一事，其義莫不相反。如惠子言：'一尺之棰，日取其半，萬世而不竭。'墨子言：'非半勿斱，則不動。說在端。'凡註墨者率謂此即惠義，而不悟兩義相對，一立一破，絕未可同年而語也。且以辭序徵之，以惠為立而墨為破。何以言之？惠子之意，重在取而不在所取；以為無論何物，苟取量崖止於半，則雖尺棰已耳，可以日日取之，歷萬世而不竭也。墨家非之，謂所取之物，誠不必竭，而取必竭。一尺之棰，決無萬世取半之理。蓋今日吾取其半，明日吾取其半之半，明日吾於半之半中取其一半，可以計日而窮於取，奚言萬世？何也？尺者，端之積也，端乃無序而不可分；於尺取半，半又取半，必有一日全棰所餘兩端而已。取其一而遺其餘，餘端凝然不動；不能斱既不能取也，故曰：'非半勿斱，則不動。說在端。'此其所言果一義乎？抑二義乎？略加疏解，是非炳然可知。而從來治墨學者未或道及。"因作《名墨訾應考》，著如上例若干條，以徵名、墨兩家倍僪，決非相為祖述，如魯勝所云。然名、墨兩家之倍僪不同，陳氏說已發其鑣，以為："墨子言'白馬，馬也。'而公孫龍則云'白馬非馬。'其說云：'求馬，黃、黑馬皆可致；求白馬，黃、黑馬不可致。故曰白馬非馬。'墨子言：'苟是石也白，敗是石也盡與白同，是石也。'而公孫龍則云：'堅白石三可乎？曰不可。視不得其所堅，拊不得其所白，見與不見離。且猶白以目以火見，而火不見，則火與木不見，而神見。神不見而見離。堅以手而手以棰，是棰與手知而不知，而神與不知神乎？是之謂離焉。'皆較墨子之說更轉而求深。"而要其兩義相對，一立一破，豈不足以徵名、墨兩家之倍僪不同？所與章氏異者，特章氏言惠為立而墨為破；而徵以陳氏之說，則又似墨為立而龍為破爾。要以陳氏之說近是。何者？蓋墨氏作《辯經》以正名本，而名家玄異同以泯名相，此其秖也。

《漢書‧藝文志》："陰陽家《鄒子》四十九篇，《鄒子終始》五十六篇，其書皆亡。獨太史公《孟子荀卿列傳》著其學，謂騶衍覩有國者益淫侈，不能尚德，若《大雅》整之於身，施及黎蔗矣。乃深觀陰陽消息，而作怪迂之變。《終始》《大聖》之篇，十餘萬言。其語宏大不經，必先驗小物，推而大之，至於無垠。先序今以上至黃帝，學者所共術，大並世盛衰，因載其禨祥度制；推而遠之，至天地未生，窈冥不可考而原也。先列中國名山、大川、通谷，禽獸、水土所殖，物類所珍，因而推之及海外，人之所不能睹。稱引天地剖判以來，五德轉移，治各有宜，而符應若茲。以為儒者所謂中國者，於天下乃八十一分居其一分耳。中國名曰赤縣神州，赤縣神州內自有九州。禹之序九州，是也，不得為州數；中國外如赤縣神州者九，乃所謂九州也。於是有裨海環之，人民、禽獸莫能相通者，如一區中者，乃為一州；如此者九，乃有大瀛海環其外，天地之際焉。其術皆此類也。然要其歸，必止乎仁義、節儉、君臣、上下、六親之施；始也濫耳。"騭括其指，在明終始。終始者，終而復始，運之無垠也；要以推明時間無垠，空間無垠。時間無垠者："先序今以上至黃帝，學者所共術，大並世盛衰，因載其禨祥度制；推而遠之，至天地未生，窈冥不可考而原也""稱引天地剖判以來，五德轉移，治各有宜，而符應若茲。"空間無垠者："先列中國名山、大川、通谷、禽獸、水土所殖，物類所珍，因而推之及海外，人之所不能睹""以為儒者所謂中國者，於天下乃八十一分居其一分耳。中國名曰赤縣神州，赤縣神州內自有九州。禹之序九州，是也，不得為州數；中國外如赤縣神州者九，乃所謂九州也。於是有裨海環之，人民、禽獸莫能相通者，如一區❶者，乃為一州；如此者九，乃有大瀛海環其外，天地之際焉。"曰"天地之際"者，地道之終，天運之始也。然時間無垠，空間無垠，而人生有垠。何以竟此有垠之人生？要其歸，必止乎仁義、節儉、君臣、上下、六親之施而已矣。此騶衍之意也。騶衍之學，推大至於無垠，而要其歸必止乎仁義、節儉、君臣、上下、六親之施；其卽大《易》"知崇禮卑"、子思"極高明而道中庸"之意也夫。

　　騶衍之學，近本《詩》五際，而遠出羲和。何以明其然？《漢書·藝文志》："陰陽家者流，蓋出於羲和之官，敬順昊天，曆象日月星辰，敬授民時。"而羲和曆象授時之學，詳著《尚書·堯典》。

❶ "中"字脫。——編者註

陰陽家宋司星子韋疑承其流。一衍而為《洪範》五行，再衍而為《齊詩》五際。《漢書·翼奉傳》載奉治《齊詩》，奏封事曰"臣聞之於師曰：天地設位，懸日月，布星辰，分陰陽，定四時，列五行，以視聖人，名之曰道。聖人見道，然後知王治之象，故畫州土，建君臣，立律曆，陳成敗，以視賢者，名之曰經。賢者見經，然後知人道之務，則《詩》《書》《易》《春秋》《禮》《樂》是也。《易》有陰陽，《詩》有五際，《春秋》有災異，皆列終始，推得失，考天心，以言王道之安危。臣奉竊學《齊詩》，聞五際之要"_{孟康曰："《詩》內傳曰：'五際，卯、酉、午、戌、亥也。陰陽終始，際會之歲於此，則有變政之政也'"}云云。因曆引《小雅·十月之交》《大雅·文王》之詩，以明天道終而復始，窮則反本，故能延長而無窮也。太史公稱："騶衍覩有國者益淫侈，不能尚德，若《大雅》整之於身，施及黎庶矣。"自來注家於"《大雅》"無解；疑即如翼奉封事所引《大雅·文王》之詩也。《文王》之二章曰："亹亹文王，令聞不已。"四章曰："穆穆文王，於緝熙敬止。"此所謂整之於身也。而卒章終之以"儀刑文王，萬邦作孚。"此所謂"施及黎庶"也。文王，則"有國"之"尚德"者也。然則陰陽五行之學，本於《詩》《書》也。孟子案往舊造說，謂之五行，_{《荀子·非十二子篇》}以徵天人之與，故《詩》《書》為所專長。_{趙岐《孟子題辭》}荀子著篇《天論》以明天人之分，則《詩》《書》在所必殺矣。_{《荀子·儒效篇》曰："隆禮義而殺《詩》《書》。"}

荀子之學，終於讀禮，而深擯陰陽五行不言。然孔子言禮，未嘗不推本陰陽五行。其著於《禮運》者曰："故人者，其天地之德，陰陽之交，五行之會，五行之秀氣也。故天秉陽，垂日星；地秉陰，竅於山川。播五行於四時，和而後月生也；是以三五而盈，三五而闕。五行之動，迭相竭也。五行、四時、十二月，還相為本也；五聲、六律、十二管，還相為宮也；五味、六和、十二食，還相為質也；五色、六章、十二衣，還相為質也。故人者，天地之心也，五行之端也，食味、別聲、被色而生者也。故聖人作則，必以天地為本，以陰陽為端，以四時為本，以日星為紀，月以為量，鬼神以為徒，五行以為質，禮義以為紀，人情以為田。"此騶衍之陰陽，所謂"要其歸，必止乎仁義、節儉、君臣、上下、六親之施"也。其徵五行之動迭相竭，而稱"五行、四時、十二❶還相為本"云云，卽騶子終始義也。

言陰陽五行，而要其歸，必止乎仁義、節儉、君臣、上下、六親之施；古之人有行之者，言其可徵。董仲舒《春秋繁露》有《五行對》《五行之義》《陽尊陰卑》《王道通三》《天辨在人》《陰陽位》《陰陽終始》《陰陽義》《陰陽出入》《天道無二》《基義》《四時之副》《人副》《天數》諸篇。班固《白虎通德論》有《五行》《三綱》《六紀》《情性》諸篇。大抵以性情法陰陽，以視聽言動、喜怒哀樂法五行。配陰陽，立之名曰仁、義；配五行，立之名曰仁、義、禮、智、信。漢儒所謂"性與天道"者類如此。

騶衍之五德轉移，一衍而為董仲舒之《春秋繁露》，再衍而為劉向之《洪範五行傳》，三衍而為邵雍之《皇極經世》。傳荀卿之經學，而潤色以騶衍之陰陽五行者，漢儒也；闡孟子之性學，而潤色以騶衍之陰陽五行者，宋學也。源遠流長如此，豈非顯學也哉！

太史公《孟子荀卿列傳》稱："荀卿嫉濁世之政，亡國亂君相屬，不遂大道而營於巫祝，信機祥，鄙儒小拘。""鄙儒小拘"之拘，法《漢書·藝文志》敘陰陽家者流，稱"及拘者為之，則牽於禁忌，拘於小數，舍人事而任鬼。""舍人事而任鬼"，卽太史公所

---

❶ "月"字脫。——編者註

謂"不遂大道而營於巫說，信機祥"也。"鄙儒小拘"，蓋卽斥子思、孟軻"案往舊造說，謂之五行"、騶衍之"五德轉移"而言。

騶衍談天，以為"儒者所謂中國者，於天下乃八十一分居其一分"云云，桓寬《鹽鐵論·論鄒篇》、王充《論衡》談天篇並譏其迂怪、虛妄。至輓近世，吾邑薛福成庸菴乃著《大九州解》，按諸地圖，覈實測算，語見《庸菴文集外編》；以為騶衍之說，非盡無稽，或者古人本有此學，騶子從而推闡之耶？《尚書·堯典》載羲和之官仲叔四子，曆象日月星辰，分宅四裔。南交，則今之安南也；朔方幽都，則今之黑龍江之上原也；東、西，至日之所出入，則更遠矣。而《漢志》以為陰陽家者流，出於羲和，或者大九州之說所從衍乎？

儒、墨謂天下之治，起於相愛；而韓、商則以天下之治，起於相畏。韓非屢稱管、商之法，《五蠹篇》然管子不廢禮義廉恥，《牧民篇》商君務去孝弟仁。《靳令篇》而韓非實汲商君之流，薄教化，去仁愛，專任刑法，而欲以致治。特其推主道而言因循，言無為，則又同管子《心術》《白心》上下、《內業》諸篇之指，而原於道德之意。大抵韓非無教化而去仁愛，同於商君之任刑；而言因循以原道德，又似管子之心術。其大較然爾。

儒家正名以齊禮，法家稽名以準法，而名家則玄名以歷物，故曰："山淵平，天地比，齊秦襲，入乎耳、出乎口，鉤有鬚，卵有毛，是說之說難持者也，而惠施、鄧析能之。"《荀子·不苟篇》飾詞以相悖，巧譬以相移，徧為萬物說；說而不休，飾人之心，易人之意。然不然，可不可，與儒者之必正名、法家之言刑名參同者大異。顧宋王堯臣奉勅撰《崇文總目》稱："名家者流，所以辨覈名實，流別等威，使上下之分不相踰越。"此可以論儒、法之正名，而非所論於名家者流。墨子言："辨者將以明是非之分，審治亂之紀，明同異之處，察名實之理；處利害，決嫌疑。"《小取》則是所謂作《辨經》以正名本，而亦與名家者流異趨。古之言名家者，既以混於儒、法，班固、《漢書·藝文志》章學誠《校讎通義》是也；今之言名家者，又不知以別墨，梁啟超、胡適是也。

《漢書·藝文志》著錄名七家。就其可考者：鄧析、尹文為一派，不忘正名以施治，而推本於大道無稱，則老子"道可道，非常道；名可名，非常名"之指也；惠施、公孫龍為一派，專於玄名以歷物；則老子"同出異名，玄之又玄"之意也。大抵名家為道家之支與流裔，猶之陰陽為儒家之支與流裔云爾。

儒家《論語》有"必也正名"章，荀子有《正名篇》，墨家墨子有《經》上下、《經說》上下、《大取》《小取》，雜家《呂氏春秋》亦有《正名篇》，而不得為名家。名家玄名實之紐以破名，諸家謹名實之叢以正名，故不同也。尹文原道以言名，徵名之本體；鄧析正名以制法，顯名之大用。而惠施、公孫龍則玄名以體道，見名之還原。

惠施、公孫龍之玄名，由於歷物之意，此所同也。惟惠施就人之所見為異者而籀其同，公孫龍就人之所見為同者而析其異。大一小一，畢同畢異，惠施同於不可同者也；白馬非馬，堅白石離，公孫龍離所不可離者也。然則惠施之歷物以同，而公孫龍之歷物於離；歷物同，而所以歷則異。

《莊子·天下篇》敍慎到、田駢，以為："常反人不見觀。"此亦名家之支與流裔。《史記·孟子荀卿列傳》："慎到、田駢，皆學黃老道德之術。"老子"正言若反"，而慎到、田駢"常反人不見觀"，即學老子。所謂"常反人不見觀"者，以不見觀見，以無名明名，以不可道道"常道"。"常道"之常，即"常反人不見觀"之常，皆以絕對不變之眞常為言。^{《韓非子・解老篇》曰："夫物之一存一亡、乍死乍生、初盛而後衰者，不可謂常。唯夫與天地之剖判也俱生，至天地之消散也不死不衰者，謂常。"}常道不可道，可名非常名，此之謂"正言若反"，亦此之謂"常反人不見觀"。^{而常者無攸易}佛法相宗非相，諸子名家無名。世儒紛紛以西洋形式邏輯為言，死著句下，那能明其理趣。

晉魯勝《墨辯注序》謂："名者，所以列同異，明是非。"祇限於儒者之正名，墨學之辯經，而非所論於名家之惠施、公孫龍日以其知與人辯，特與天下之辯者為怪。《史記・平原君列傳》集解引劉向《別錄》曰："齊使鄒衍過趙。平原君見公孫龍及其徒綦母❶子之屬，論白馬非馬辨，以問鄒子。鄒子曰：'不可。彼天下之辯，有五勝三至，而辭正為下。辯者，別殊類使不相害，序異端使不相亂；抒意通指，明其所謂，使人與知焉，不務相迷。故勝者不失其所守，不勝者得其所求；若是，故辯可為也。及至煩文以相假，飾辭以相惇，巧譬以相移，引人聲使不得反其意；如此害大道。夫繳紛爭言而競後息，不能無害君子。'坐皆稱善。"鄒子所稱"辯者，別殊類使不相害，序異端使不相亂；抒意通指，明其所謂"，亦限於儒者之正名，墨學之辯經。"及至煩文以相假，飾辭以相惇，巧譬以相移，引人聲使不得反其意；如此害大道"，則惠施、公孫龍之所以為辯，而與儒、墨不同者也。

縱橫家者流，亦名家之支與流裔，而同出於"煩文以相假，飾辭以相惇，巧譬以相移"。以此而闡之為學，則為惠施、公孫龍；以此而施之於用，則為蘇秦、張儀。惠施、公孫龍，莊生稱之辯者。^{《天下篇》}而范雎、蔡澤，亦世所謂一切辯士。^{《史記・范蔡傳贊》}大抵名家之出而用世也，出之以謹嚴，則為申、韓之刑名；流入於詭誕，則為蘇、張之縱橫。

---

❶ "母"當作"毋"。——編者註

《漢書·藝文志》著錄縱橫十二家百七篇，其書皆不見。世傳《鬼谷》十二篇，曰《捭闔》《反應》《內揵》《抵巇》《飛箝》《忤合》《揣篇》《摩篇》《權篇》《謀篇》《決篇》《符言》而以《本經》《陰符》殿於後，或說卽蘇秦書。《史記·蘇秦列傳》集解引阮孝緒《七錄》有《蘇秦書》，樂壹注云：「秦欲神祕其道，故假名鬼谷。」程子曰：「儀、秦學於鬼谷，其術先揣摩，然後捭闔；捭闔旣動，然後用鉤鉗。」今觀《鬼谷》之書，奇變詭偉，要與《戰國策》相表裏、終始，而其學則出於太公《陰符》。近人湘潭王闓運壬秋《湘綺樓日記》有一條謂：「符者，行人所以為信也。符有陰陽，蓋記所言於符陰，言山川物產形要之說。故其書以羅數國富，指陳形勢為主。唐人偽造《陰符經》，乃以為兵書，非也。」<small>光緒六年八月記</small>頗出臆說，而與《漢志》所稱縱橫家出行人之說有合。設誦《鬼谷》以籀其學，讀《國策》以驗諸用，而引蘇、張之事，徵鬼谷之書，依倣韓非《喩老》《韓詩外傳》驗之行事，深切著明之例，則於縱橫家言思過半矣。

韓非有《難言篇》《說難篇》，《呂氏春秋》有《順說篇》，皆本鬼谷書揣摩、抵巇、飛箝之法；當用大戴《記·夏小正》《管子·弟子職》裁篇別出之例，附於縱橫家之末。

諸子有流別，以宗旨分也；文章有家數，以體氣分也。而欲以諸子之流別，論定文家之宗旨者，其論則發於會稽章學誠實齋。其大指以為：「世之盛也，典章存於官守，禮之質也；情志和於聲詩，樂之文也。迨其衰也，典章散而諸子以術鳴，故專門治術，皆為官禮之變也；情志蕩而處士以橫議，故百家馳說，皆為聲詩之變也。後世專門子術之書絕而文集繁。學者惟拘聲韻之為詩，而不知言情達志，敷陳諷論，抑揚涵泳之文，皆本於詩教。<small>《文史通義·詩教上》</small>而古之賦家者流，原本詩教，出入戰國諸子。假設問對，莊、列寓言之遺也；恢廓聲勢，蘇、張縱橫之體也；排比諧隱，韓非儲說之屬也；徵材聚事，《呂覽》類輯之義也。雖其文逐聲韻，旨存比興，而深探本原，實能自成一子之學，與夫專門之書，初無差別。《漢書·藝文志》詩賦一略著錄《屈原賦》二十五篇以下共二十家為一種，陸賈賦三篇以下共二十一家為一種，《孫卿賦》十篇以下共二十五家為一種，名類相同，而區種攸別，亦如諸子之各別為家。《校讎通義·漢志詩賦第十五》至唐宋詩文之集，則浩如煙海矣。今即世俗所謂唐宋大家之集論之：如韓愈之儒家、柳宗元之名家、蘇洵之兵家、蘇軾之縱橫家、王安石之法家，皆以生平所得，見於文字。旨無旁出，即古人之所以自成一子者也。其體既謂之集，自不得強列以諸子部次矣。因集部之目錄而推論其要旨，以見古人所謂言有物而行有恆者，編於敘錄之下。《校讎通義·宗劉第二》子有雜家，雜於衆，不雜於己；雜而猶成其家者也。文有別集，集亦雜也；雜於體，不雜於指。集亦不異於諸子也。"《文史通義·外篇·立言有本》厥後仁和譚獻復堂好持其論，而未有闡發。獨儀徵劉師培申叔《論文雜記》益推而衍之，以為："古人學術，各有專門，故發為文章，亦復旨無旁出，成一家言，與諸子同。試即唐宋之文言之：韓愈、李翺之文，正誼明道，排斥異端；如韓愈《原道》《原性》及《答李生書》等篇。而韓文之中，無一篇不言儒術者歐陽修、曾鞏繼之，以文載道。儒家之文也。南宋諸儒文集多闡發心性，討論性天之作亦儒家之文子厚柳宗元之文，善言事物之情，出以形容之詞；如永州、柳州諸遊記，咸能類萬物之情，窮形盡相，而形容宛肖，無異寫真。而知人論世，復能探原立論，核覈刻深。如《桐葉封弟辨》《晉趙盾許世子之義》《晉命趙衰守原論》諸作，皆翻案之文。宋儒論史多誅心之論，皆原於此名家之文也。明允蘇洵之文，最喜論兵，如《上韓樞密書》等篇皆是，而論古人之用兵者尤多謀深慮遠，排兀雄奇。兵家之文也。子瞻蘇軾之文，理多未確，惟工於博辯；層出不窮，運捭闔之詞，而往覆卷舒，翻空易奇。縱橫家之文也。陳同甫亮之文，亦以兵家兼縱橫家者也。王介甫安石之文，侈言法制，因時制宜，而文辭奇峭，推闡入深。法家之文也。

若夫邵雍之徒，為陰陽家；王伯厚_{應麟}之徒，為雜家。而葉水心適之徒，則以法家而兼兵家。近代以還，文儒輩出。望溪、_{方苞}姬傳、_{姚鼐}文祖韓、歐；闡明義理，趨步宋儒。此儒家之支派也。慎修、永江輔之，_{金榜}綜核禮制，章疑別微；_{近儒喜治三《禮》者，如秦蕙田、凌廷堪、程瑤田之流，咸有文集，集中亦多論禮之作。考漢制^❶言名家出於禮官，則言禮學者必名家之支派也}若膺、_{段玉裁}伯申、_{王引之}考訂六書，正名辨物。_{近儒喜治考據，分惠、戴兩大派，皆從《爾雅》《說文》入手。而諸家文集，亦以說經考字之作為多。古人以字為名。名家綜核名實，必以正名析詞為首，故考據之文，亦出名家}皆名家之支派也。叔子、_{魏禧}崑繩、_{王源}洞明兵法，推論古今之成敗，疊陳九土之險夷；落筆千言，縱橫奔肆，與老蘇同。此兵家之支派也。子居_{惲敬}之文，奇峭峻悍，取法半山，亦喜論法制；安吳_{包世臣}之文，洞陳時弊，兵農刑政，酌古準今，不諱功利之談，爰立後王之法。此法家之支派也。朝宗_{侯方域}之文，詞源橫溢，_{明末陳臥子等之文皆然}簡齋_{袁枚}之作，逞博矜奇，若決江河，一瀉千里。_{俞長城諸家之文亦然}此縱橫家之支派也。若夫詞章之家，亦侈陳事，嫻於文詞，亦當溯源於縱橫家；所以仲瞿、_{王曇}稚威、_{胡天游}雖多偶文，亦屬縱橫家也。雍齋、_{沈壽}于庭_{宋翔鳳}之文，雜糅讖緯，靡麗瑰奇。_{凡治常州學派者，其文必雜以讖緯之詞，故工於駢文，且以聲色相称}此陰陽家之支派也。若夫王錫闡、梅文鼎之集，亦多論天文、歷譜之文；然皆實用之學，與陰陽家不同。古人治歷所以授時也。王、梅之文，殆亦農家之支派歟？大紳、_{汪縉}台山_{羅有高}之文，妙善玄言，析理精微，彭尺木_{紹升}亦然。凡治佛學者，皆能發揮名理，而言語妙天下。此道家之支派也。維崧、_{陳維崧}甌北_{趙翼}之文，體雜俳優，涉筆成趣；凡文人之有小慧者類然。此小說家之支派也。旨歸既別，夫豈強同，即人所謂文章流別也。惟詩亦然。子建_{曹植}之詩，溫柔敦厚，近於儒家。淵明_{陶潛}之詩，澹雅沖泊，近於道家。_{陶潛雖喜老莊，然其詩則多出於《楚辭》}若嵇康之詩頗得道家之意，郭璞之詩亦有道家之意太沖_{左思}之詩，雄健英奇，近於縱橫家。鮑明遠_照之詩亦然。若楊素之詩，則近於法家。蓋在心為志，發

---

❶ "制"，疑為"志"之誤，即"考《漢志》"云云。——編者註

言為詩；諷詠篇章，可以察前人之志矣。隋唐以下，詩家專集，浩如淵海；然詩格既判，詩心亦殊。少陵<small>杜甫</small>之詩，惓懷君父，許身稷契。<small>杜句云："許身亦何愚，竊比稷與契。"</small>是為儒家之詩。<small>杜句云："法自儒家有"，此少陵詩文出於儒家之證，若夫朱紫陽之詩，亦儒家之詩也。</small>太白<small>李白</small>之詩，超然飛騰，不愧仙才。是為縱橫家之詩。<small>後世惟辛棄疾、陳亮之詞慷慨激昂，近於縱橫。</small>襄陽<small>孟浩然</small>之詩，逸韻天成；<small>出於陶淵明</small>子瞻之詩，清言霏屑。<small>蘇詩妙善玄言，得之老佛。</small>是為道家之詩。儲、王<small>維光羲</small>之詩，備陳稼事，寄懷曠佚。是為農家之詩。山谷<small>黃庭堅</small>之詩，出語深峻，開派西江。是為法家之詩。由是言之，辨章學術，詩與文同矣。要而論之：西漢之時，治學之士，侈言災異五行，故西漢之文，多陰陽家言；東漢之末，法學盛昌，故漢魏之文多法家言。<small>西漢之文，無一篇不言及天象者。三國之文，若鍾繇、陳羣、諸葛亮之作，咸多審正名法之言，興西漢殊</small>六朝之士，崇尚老莊，任性自然，其文多道家言；隋唐以來，詩賦取士，託物取譬，其文多小說家言。宋代之儒，正己正物，講學相矜，其文多儒家言；明之亡也，士大夫感慨國變，多言經世，抵掌而談，其文多縱橫家言。及於近代，溺於箋注訓詁，正名辨物，其文多名家言。雖集部之書，不克與諸子並列，然因集部之目錄以推論其派別源流，知集部出於子部；則後儒有作，必有反集為子者。"發凡起例，推勘盡致，可謂章學誠之忠臣，斯文之鈐鍵。惟自我論之，誠竊以為章氏劉氏之明文章流別，有不同於《漢志》、劉《略》之《詩賦略》者。夫《漢志》、劉《略》著錄詩賦之明流別，固已。而明詩文流別之必以諸子為例，此則章氏之義，而非《漢志》、劉《略》之例本爾。大抵《漢志》、劉《略》辨章羣言，不名一途：諸子九流，以宗旨分；詩賦三家，以體氣分；其著錄宋玉、賈誼、司馬相如之隸屈原，朱建、嚴助、朱買臣、司馬遷、揚雄之隸陸賈，廣川惠王越賦以下二十二家之隸孫卿，不過如鍾嶸《詩品》之品裁詩人，著其源出於某人，以為體氣、文格之近似，而非如諸子九流之論宗旨也。試以唐宋人集為例。設文以韓愈為一家，李翱、皇甫湜、張籍（唐）、歐陽修、蘇洵、軾、轍、曾鞏、王安石（宋）、元好問（金）、姚燧（元），文之出韓愈者附焉。以張說為一家，蕭穎士、李華、裴度、殷文昌、權德輿、元楊、劉禹錫（唐）、宋庠祁、胡宿、蘇頌（宋）、張溥（明）、吳偉業、王士禎（清），文之似張說者附焉。以歐陽修為一家，虞集、柳貫（元）、宋濂、楊士奇、歸有光（明）、汪琬、方苞、姚鼐（清），文之出歐陽者隸焉。以李夢陽為一家，何景明、王世貞、李攀龍、陳子龍（明）、胡天遊（清），文之似何、李者附焉。以杜甫為一家，韓愈、孟郊（唐）、黃庭堅、陳師道（宋）、元好問（金），詩之出杜甫者隸焉。以白居易為一家，溫庭筠、李商隱（唐）、楊億、劉筠（宋）楊維楨（元），詩之宗香山者隸焉。其他詞曲，胥本《漢志》、劉《略》詩賦分家為例，不必如章氏之以子治集、劉氏之反集為子，而於聲色格律之中，自得文章流別之意；使讀之者舉綱張目，窮源竟委，而得以疏通倫類，考鏡家數，并知文章流別之不同於諸子流別。硜硜之愚，所為與章、劉有間者也，遂以附於篇。

卷十四　西　漢

唐蔚老詒我番禺陳澧蘭甫《東塾讀書記·西漢》一卷，原十三，坊本未刻，乃新出。歷舉西漢之焯然名家者十二人，曰陸賈、河間獻王、賈誼、董仲舒、太史公、司馬相如、賈山、桓次公、著《鹽鐵論》淮南子、王吉、劉子政、揚子雲；而力稱河間獻王之"修學好古，實事求是"，以為模楷。謂淮南子云："有符於中，則貴是而同今。古無以聽其說，則所從來者遠而貴之耳。"《脩務訓》此說雖亦貴是而不重好古。然《論衡》云："俗好高古而稱前聞。前人之業，菜果甘甜；後人所造，蜜酪辛苦。"《超奇篇》此即淮南所謂"從來者遠而貴之"。拘儒頗有此病，病在好古而不求是也。又謂："好言陰陽災異，實漢儒之病。"則是漢儒之所貴，在"修學好古，實事求是"，而不在"好言陰陽災異"也。此亦陳氏論學之眼，猶之其論漢《易》之言訓詁、舉大誼，而不喜理納甲卦氣之說也。語見卷四

閱陸賈《新語》十二篇，開宗朋義，道基第一，以為："君子握道而治，據德而行，席仁而坐，仗義而行；虛無寂寞，通動無量，故制事因短而動益長，以圓制規，以矩立方。"又稱："道莫大於無為"，《無為》而頌舜之無為而治。蓋儒而入道，衍子思、孟軻一派，而非荀卿之純儒也。子思《坊記》以《春秋》律《禮》，《緇衣》以《詩》《書》明治。趙岐《孟子題辭》稱："孟子長於《詩》《書》。"而《史記》賈本傳稱："陸生時時前稱說《詩》《書》。"其著書亦多

引《詩》《書》《春秋》，固與荀卿之"隆禮義而殺詩書"《儒效篇》者不同。此其同於思孟者一也。又《論衡·本性篇》引陸賈曰："天地生人也，以禮義之性。人能察己所以受命則順。順，謂之道。"是卽子思"天命之謂性，率性之謂道"、孟子"性無有不善"之說也。此其同於思孟者二也。然則陸賈者，其思孟之支與流裔耶？惟按之《史記》《漢書》，其書有不可信者。《史記》賈本傳稱："陸賈為高帝言：'秦任刑法不變，卒滅趙氏；鄉使秦已并天下，行仁義，法先聖，陛下安得而有之。'"是卽賈生著論《過秦》之指。而高祖乃謂生："試為我著秦所以失天下，吾所以得之者何？"陸生乃粗述存亡之徵，凡著十二篇，高帝未嘗不稱善，號其書曰《新語》。"徵"者，卽徵秦漢之所以存亡也；此新語之所由作，豈其語有泛設哉？今《新語》泛稱道德，而無一言著"秦所以失天下，漢所以得之者何"，是謂答非所問，高祖何由稱善？不可信一也。又《漢書·司馬遷傳》稱："遷取《戰國策》《楚漢春秋》、陸賈《新語》作《史記》。"則是陸賈《新語》與《戰國策》《楚漢春秋》同為記事之書，疑如《晏子春秋》、劉向《說苑》之比，其中必有著"秦所以失天下，漢所以得之者"；故史遷采以入《史記》，必其見之行事之深初著明，而非託之空言。《楚漢春秋》之采入《史記》者，張守節正義猶引之，今佚不可見。《戰國策》取九十三事，皆與今本合。獨取陸賈《新語》者無徵。其不可信二也。惟馬總《意林》所載，皆與今本合，而李善注《文選》，亦有所采；則偽造此書者，當在唐以前耳。

《漢書·藝文志·諸子略》，儒家有《賈誼》五十八篇，《新唐書·藝文志》則稱賈誼《新書》；其中《問孝》《禮容語上》兩篇，有其目而亡其書，僅存五十六篇。章學誠《校讎通義》謂賈誼五十八篇收於儒家，然與法家當互見。按《史記·屈原賈生列傳》曰：

"賈生名誼，洛陽人也，年十八，以能誦詩屬書聞於郡中。吳廷尉為河南守，聞其秀才，召置門下，甚幸愛。孝文皇帝初立，聞河南守吳公治平為天下第一，故與李斯同邑而嘗學事焉，乃徵為廷尉。廷尉乃言賈生年少，頗通諸子百家之書。文帝召以為博士。"則是賈生不以儒徵，而廷尉言生頗通諸子百家之書也。文帝召以為博士者，召以為諸子百家之博士。《漢書·楚元王傳》載劉歆《移書太常博士》曰"天下衆書，往往頗出，皆諸子傳說，猶廣立於學官，為置博士"者是也。然考生所著書，《過秦》則著其仁義不施，以為監戒。又以為漢興至孝文二十餘年，天下和洽而固，當改正朔，易服色，法制度，定官名，興禮樂；乃悉草具其事儀法，色尚黃，數用五，為官名，悉更秦之法。庶幾於《漢志》敍儒家者流，所謂"順陰陽，明教化，游文六藝之中，留意仁義之際"者，故以隸於儒。而歆書亦稱之曰："在漢朝之儒，賈生而已。"《漢志》之著錄賈誼入儒，孝文傳十一篇同；蓋皆取其宗旨，而非論其生平也。《史記》《漢書》《儒林傳》稱："文帝本好刑名之言，不甚好儒術；其治尚清靜無為，以故禮樂庠序未修，民俗未能大化。"則是文帝者，喜刑名法術之學，而其歸本於黃老。《十一篇》其所著書，注文帝所稱及詔策；而以隸儒者，豈不以文帝除收帑及肉刑、求直言、除誹謗祠官、勸農等詔，皆爾雅溫厚，有儒者氣象，庶幾所謂"順陰陽，明教化，游文六藝之中，留意仁義之際"者邪？無疑於賈誼書矣。

賈誼儒而明法，董仲舒儒而通陰陽；賈誼頗通諸子百家之書，董仲舒著書不稱子。《西京雜記》載董仲舒蒙蛟龍入懷，乃作《春秋蕃露》，此書記劉歆所撰。而《論衡·案書篇》則曰："董仲舒著書不稱子者，意殆自謂過諸子也。"其書推本《春秋》以言天人相與之際，而往往及陰陽五行，漫濫旁衍，若亡紀極；然要其歸必止乎仁義，有與孟子相表裏者。何以明其然？《孟子·萬章上》稱堯舜以徵天視民視、天聽民聽之義，猶董子《賢良策對》案《春秋》之中，以明天人相與之際一也。《孟子·滕文公下》："《春秋》，天子之事也。是故孔子曰：'知我者，其惟《春秋》乎？罪我者，其惟《春秋》乎？'"趙岐注："設素王之法，謂天子之事也。"又《離婁下》："王者之迹息而《詩》亡！《詩》亡然後《春秋》作。晉之《乘》，楚之《檮杌》，魯之《春秋》，一也；其事則齊桓、晉文，其文則史。孔子曰：'其義則丘竊取之矣。'"趙岐注："竊取之以為素王也。"夫《滕文公下》推孔子作《春秋》之功，可謂天下一治；比之禹抑洪水，周公兼夷狄、驅猛獸，而稱之曰天子之事。《離婁下》又從舜明於庶物，說到孔子作《春秋》以為其事可繼舜、禹、湯、文、武、周公。此與《蕃露·三代改制·質文二十三》所稱："《春秋》應天作新王之事；絀夏，新周，故宋"同指。孟子曰："《春秋》，天子之事"，猶董子言以《春秋》當新王，故趙注用《公羊》素王之說。素王，謂空設一王之法。此其二也。程子曰："仲尼只說一箇仁，孟子開口便說仁、義。"孟子之言仁、義也混，如《梁惠王上》："未有仁而遺其親者也，未有義而後其君者也。"《離婁上》："仁之實，事親是也；義之實，從兄是也。"仁、義駢舉，而未析其所以異。而董子之言仁、義也析，如《仁義法第二十九》："《春秋》之所治，人與我也；所以治人與我者，仁與義也。以仁安人，以義正我，故仁之為言人也，義之為言我也。是故《春秋》為仁義法。仁之法，在愛人，不在愛我；義之法，在正我，不在正人。我自不正，雖能正人，弗予為義；人不被其愛，雖厚自愛，不予為仁。"仁、義對稱，而勘明其所以異。要其歸，在於說仁、義而理之矣。而《蕃露》足匡孟子所未逮，三也。孟子儒而通陰陽，董仲舒亦儒而通陰陽。《蕃露》多陰陽五行之談，雖無徵於《七篇》，然荀子非子思、孟軻，謂其案往舊造說，謂之五行，甚僻違而無類，幽隱而無說，閉約而無解。《漢書·藝文志》兵家陰陽有《孟子》一篇，則是孟子別有其書，四也。獨《深察名號第三十五》《實性第三十六》謂："善出性中，而性未可全為善；猶米出禾中，而禾未可全為米也。善與米，人之所繼天而成於外，非在天所為之內也。天之所為有所至而止。止之內謂之天性，止之外謂之人事。事在性外，而性不得不成德。民之號取諸瞑；使性而已善，則何故以瞑為號？"斯則與孟子性善之說有異耳。

司馬遷之學，出於董仲舒《春秋》，而與父談異趣。王鳴盛《十七史商榷》謂："太史公自序，述其父談《論六家要指》，謂陰陽、儒、墨、名、法、道德也。其意五家各有所長，亦各有所短，並致其不滿之詞，而獨推崇老氏道德，謂其兼有五家之長，而去其所短；且又特舉道家之指約易操，事少功多，與儒之博而寡要、勞而少功兩兩相較，以明孔不如老。此談之學也，而遷意則尊儒。父子異尚，猶劉向好《穀梁》，而子歆明《左氏》也。漢初黃老之學極盛。君如文景，宮闈如竇太后，宗室如劉德，將相如曹參、陳平，名臣如張良、汲黯、鄭當時、直不疑、班嗣，〈漢書敘傳〉處士如蓋公、〈曹參傳〉鄧章、〈袁盎傳〉王生、〈張釋之傳〉黃子、〈司馬遷傳〉楊王孫、安丘望之〈後漢書·耿弇傳〉等，皆宗之。而遷獨不然。觀其下文稱引董仲舒之言，隱隱以己上承孔子，其意可見。"語見卷六《史記·孔子世家》曰："乃因史記，作《春秋》，上至隱公，下訖哀公十四年，十二公；據魯，親周，故殷，運之三代；約其文辭而指博。"親當作新，則與《蕃露》"絀夏，新周，故宋"之說有合。而《自序》則明引董生，以見"孔子之時，上無明君，下不得任用，故作《春秋》，垂空文以斷禮義，當一王之法"。亦本董子以《春秋》當新王之旨，而自明百三十篇之所為作，則曰："自周公卒五百歲而有孔子。孔子卒後，至於今五百歲，能有紹明世，正《易傳》，繼《春秋》，本《詩》《書》《禮》《樂》之際，意在斯乎？意在斯乎！""斯"者，指百三十篇而言，自謂繼《春秋》而攸作也；而託之於先人有言者，蓋儒者善則稱親之義也。若論載筆之法，則以兩語賅之曰："厥協六經異傳。"曰："整齊百家雜語。"如《五帝本紀》："予觀《春秋》《國語》。"《殷本紀》："自成湯以來采於《詩》《書》。"《十二諸侯年表》："太史公讀《春秋曆譜諜》。"《吳太伯世家》："余讀《春秋》古文。"《伯夷列傳》："學者載籍極博，猶考信於六藝。"此所謂"厥協六經異傳"也。又《五帝本紀》："《尚書》獨載堯以來。而百家言黃帝，其文不雅馴；擇其言尤雅者。"《孝武本紀》："余究觀方士祠官之言。"《管晏列傳》："吾讀管氏《牧民》《山高》《乘馬》《輕重》《九府》及《晏子春秋》。"《司馬穰苴列傳》："余讀《司馬兵法》。"《孫吳列傳》："《孫子》十三篇。吳起兵法世多有。"《仲尼弟子列傳》："悉取《論語》弟子問，并次為篇。"《孟子荀卿列傳》："余讀孟子書""自如孟子至於吁子，世多有其書。"《商鞅列傳》："余嘗讀商君《開塞耕戰書》。"《屈原賈生列傳》："余讀《離騷》《天問》《招魂》《哀郢》。"《酈生陸賈列傳》："余讀陸生《新語》書。"此所謂"整齊百家雜語"也。曰"厥協"，曰"整齊"，而觀其會通，一以六經為衡，《伯夷列傳》所謂"學者載籍極博，猶考信於六藝"者也。《漢書·司馬遷傳贊》乃謂："遷論大道，先黃老而後六經。"此自述其父談《論六家要指》耳，於遷何與？但不便斥老；斥老，則形父之短耳。

揚子《法言·問神篇》云："或曰：'淮南其多知歟？曷其雜也？'曰'人病以多知為雜。'"而上元梅曾亮伯言《柏梘山房集·

淮南子書後》曰："淮南子剽竊曼衍，與安所為文不類。"此實似是而非之論。按《漢書·藝文志》雜家《淮南》內二十一篇，外三十三篇。師古曰："《內篇》論道，《外篇》雜說。"今所存者二十一篇，蓋內篇也。後漢高誘為之注解而序其書，稱："其旨近老子，淡泊無為，蹈虛守靜，出入經道，及古今治亂、存亡、禍福，世間詭異瓌奇之事，無所不載；然其大較歸之於道，號曰鴻烈。鴻，大也；烈，明也。以為大明道之言也。"則是立言有宗，其大較歸之於道；善有元，事有會，則亦何病以多知為雜也。本二十篇，《要略》一篇，則敍目也。自來無言《淮南子》偽者，然自來亦無言劉安作者。而梅氏乃稱其"剽竊曼衍，與安所為文不類"。不知《漢書·淮南王傳》稱："安招致賓客、方術之士數千人，作為《內書》二十一篇。"本不言安作，而出衆人手筆，如《呂氏春秋》二十六篇之"出秦相呂不韋輯智略士作"也。《史記·呂不韋傳》《漢書·藝文志》何必以"與安所為文不類"為嫌乎？高誘序亦言："天下方術之士多往歸焉。於是遂與蘇飛、李尚、左吳、田由、雷被、毛被、伍被、晉昌等八人，及諸儒大山、小山之徒，共講論道德、總統仁義而著此書。"正合《漢書·藝文志》序雜家者流，稱："出議官，兼儒墨，合名法。"蓋出於當日衆人之雜議，各抒所見而作，以故列入雜家。而雜家之所以異於儒、道、名、墨諸家者，蓋所由來者不同。諸家本師說傳授，雜家出衆議駁雜也。雜家者言，無不"剽竊曼衍"者；蓋與議者不專一家，尊其所聞故也。尊其所聞，故不嫌"剽竊"；不專一家，故旁涉"曼衍"。勢所必至，何必以此致譏於淮南乎？然淮不以集衆為諱，而以裁定之權，自命一家言，故其宗旨，未嘗不約於一律；斯又出於賓客之所不與，雜而猶成其家者也。

　　《鹽鐵論》者，漢始元六年，公卿、賢良、文學所與共議者也。

桓寬輯而論纂，本末具見《漢書·公孫劉車王楊蔡陳鄭列傳贊》；所論皆食貨之事，而遊文六藝，言必稱先王。自《隋書·經籍志》皆依《漢書·藝文志》列儒家。然宋高似孫《子略》曰：「漢世近古，莫古乎議。國有大事，詔公卿列侯、二千石博士、議郎雜議；是以《廟祀議》《伐匈奴議》《捐珠厓議》，而《右渠論經》亦有議，皆所以謂詢謀僉同。」此蓋雜家之支與流裔，而與《漢志序》稱「雜家者流，蓋出議官，兼儒墨，合名法，知國體之有此，見王治之無不貫」，其意有合者也。而增廣條目，極其論難，著數萬言，成一家之法者，則西漢有《鹽鐵論》，東漢有班固《白虎通德論》；儻以《呂氏春秋》《淮南鴻烈》為例，當入雜家。如以《鹽鐵論》《白虎通德論》游文六藝，當入儒家。則《淮南鴻烈》，其大較歸之於道；何不入道家乎？

《漢書·藝文志·諸子略》儒家著錄劉向所序六十七篇，注：「《新序》《說苑》《世說》《列女傳》《頌圖》也。」按《漢書·楚元王傳》曰：「向本名更生。元帝初即位，中書宦官弘恭、石顯弄權。前將軍蕭望之、光祿勳周堪、光祿大夫給事中張猛相繼譖死，更生傷之，乃著《疾讒》《摘要》《救危》及《世頌》凡八篇，依興古事，悼己及同類。」疑《疾讒》《摘要》《救危》及《世頌》，蓋皆《世說》中篇目；即《世說》也。《傳》又曰：「成帝即位，向覩俗彌奢淫，而趙衛之屬起微賤，踰禮制。向以為王教由內及外，自近者始，故採《詩》《書》所載賢妃貞婦興國顯家可法則，及孽嬖亂亡者，序次為《列女傳》，凡八篇，以戒天子。及采傳記行事，著《新序》《說苑》凡五十篇，奏之。」都向所序《新序》《說苑》凡五十篇，合《世說》八篇、《列女傳》八篇，凡六十六篇。視《志》稱所序六十七篇尚少一篇，不知為何？「所序」云者，明其述而不作，如傳所云"依興古事""采取《詩》《書》所載"及"采傳記行事"是也。《世說》今亡，《新序》《說苑》亦殘。《隋書·經籍志》載《新序》三十卷，《說苑》二十卷，合五十卷；卷卽是篇，與《漢書》五十篇之數合。今傳《新序》十卷，《說苑》二十卷，皆每卷一篇，則《新序》亡二十篇。然據烏程嚴可均景文《鐵橋漫稿·書說苑後》稱："宋本《說苑》有劉向序，言凡二十篇，七百八十四章；今本《說苑》計六百六十三章，視向序少一百二十一章。"是《說苑》亦非完書。餘姚盧文弨抱經《羣書拾補》中有《新序校補》《說苑校補》，所錄皆春秋至漢初軼事，而春秋時事尤多。大抵採百家傳記可為法戒者，以類相從，故頗與《春秋》內外傳《戰國策》《太史公書》相出入。兩書體例相同，大指亦復相類，其所以分為兩書之故，莫之能詳。有一事而兩書異辭者，蓋採摭羣書，各據所見，旣莫定其孰是，寧傳疑而兩存，蓋其愼也。高似《孫子略》謂："先秦古書，甫脫爐劫，一入向筆，採擷不遺；至其正紀綱，迪教化，辨邪正，黜異端，以為漢規監者，盡在此書。"固未免推崇已甚。至其推明古訓以衷之於道德仁義，庶幾"游文六藝，留意仁義"，不失儒者之旨已。《列女傳》存而亡其圖。《別錄》曰："臣向與黃門侍郎歆所校《列女傳》，種類相從，為七篇。"《初學記》卷二十五引 而《漢書》本傳稱"《列女傳》凡八篇"者，據王回序云："此書有母儀、賢明、仁智、貞順、節義、辨通、孽嬖等目，而各頌其義，圖其狀，總為卒篇。傳如《太史公記》，頌如《詩》之四言，而圖為屏風。"圖今亡。獨儀徵阮福喜齋仿宋刻《列女傳》，有晉大司馬參軍顧愷之圖畫；疑摹漢圖也。郝懿行妻王圓照，汪遠孫妻梁端，陳衍妻蕭管道，俱有《列女傳》注本。然向所序，依興故事，不同諸子之立意為宗。章學誠《校讎通義》曰："《說苑》《新序》雜舉春秋時事，當互見春秋之篇。《世說》今不可詳，本傳所謂'《疾讒》《摘要》《救危》及《世頌》諸篇依興古事，悼己及同類'也，似亦可以互見春秋矣。惟《列女傳》本采《詩》《書》所載婦德可垂法戒之事，以之諷諫宮闈，則是史家傳記之書。而《漢志》未有傳記專門，亦當附次春秋之後，可矣。至其引風綴雅，託興六義，又與《韓詩外傳》相為出入，則互注於《詩經》部次，庶幾相合；總非諸子儒家書也。"《漢志諸子篇》《列女傳》蓋自《隋書·經籍志》即入雜傳類云。

劉向述而不作以依興古事，揚雄獨抒己見以橅范經文。《太玄法言》橅《易》《論語》；《方言》橅《爾雅》屬辭比事，《春秋》教也，劉向以之；鉤深索隱，《易》學也，揚雄以之。然《易》剛柔無常，兼權進退，而揚雄為《太玄》，則偏主於柔退，其指壹本老氏。《朱子語錄》曰："揭子為人思沈，會去思索，本似老氏，如清靜、淵默等語，皆是老氏意思"此宗旨之不同也。又《太玄》雖準《易》而作，然託始高辛、太初二曆而為之，故《玄》有方州部家。凡四重而為一首九贊，首名以節氣起止，贊義以五行勝剋；通七百二十九贊有奇，分主晝夜，以應三百六旬有六日之度；首準一卦，始於《中》，準《中孚》，而終於《養》，準《頤》。二十四氣，七十二候，與夫二十八宿錯居其間；先後之序，蓋不可得而少差也。夫卦氣之說，出於孟喜，而其書不傳，其說不詳。《漢書·京房傳》曰："分六十卦，更直日用事，以風雨寒溫為候。"注引孟康曰："分卦直日之法，一爻主一日，六十卦為三百六十日；餘四卦震、離、兌、坎，為方伯監司之官。所以用震、離、兌、坎者，是二至二分用事之日。"其說亦見於《易緯·稽覽圖·是類謀》所云："卦氣起《中孚》，以一卦主六日七分，六十卦主一歲三百六十五日四分日之一。"大誼略同。此《玄》之所準者也。然朱一新《無邪堂答問》則論，《太玄》雖揚雄擬《易》而作，然自為一書：其數並非《易》數，《易》數自一而二，二而四，四四而八以逮於六十四，皆偶數；《太玄》自一而三，三而九，以逮於八十一皆奇數。老子謂：「一生二，二生三，三生萬物。」算數如是。積算至三，則可生萬。大戴《禮·易本命》篇：「天一，地二，人三；三三而九，九九八十一。」孔顨軒補注，以太乙主客算明之，是也。九九八十一，為變之極；可引之，而至於無窮。故黃鐘以八十一分立數，十二律皆由此生。揚雄精算術，依《太初》以作《太玄》，與老氏之言適合。其用數則《漢書·律曆志》詳言之；《困學紀聞》引葉石林之言，是也。三為生物之數，《太玄》用之；五為天地中數，司馬光《潛虛》用之。惟邵康節《皇極經世》用偶數，乃《易》之本數耳。《易》明陰陽，陰陽一奇一偶，故以二起數。程子謂先天是加一倍法。蓋兩儀生四象，四象生八卦；康節本此為推，非有他異。其於天地人物，皆以四事分配，亦此意也。以《太玄》非《易》之本數，班氏入之儒家，位置最當。此用數之不同也。按《漢書》雄本傳稱：「《玄》首四重也，非卦也，數也。其用自天元推一晝一夜、陰陽、數度、律曆之紀，九九大運，與《太初曆》相應；亦有顓頊之曆焉。」則是《太玄》推律曆、節候而作，其說至明；卷首所列舊圖，具七十二候。顧明龍泉葉子奇撰《太玄本旨》九卷，一掃星曆之說，謂《太玄》附會律曆節候而強其合，不無臆見；因別為詮釋。亦如《易》家之有王弼，廢象數而言義理者也。

　　司馬光《揚子序》曰：「韓文公稱《荀子》，以為在軻、雄之間。又曰：『孟子，醇乎醇者也；荀與揚，大醇而小疵。』三子皆大賢，祖六藝而師孔子。孟子好《詩》《書》，荀子好《禮》，揚子好《易》。古今之人，所共宗仰。然揚子之書最後；監於二子而折衷於聖人，潛心以求道之極致，至於白首，然後著書，故其所得為多。孟子之文直而顯，荀子之文富而麗，揚子之文簡而奧。惟其簡而奧也，故難知。"韓退之盛推孟，司馬光獨宗揚。宋儒多在韓退之門下討生活；歐、蘇、曾、王之論文，二程、張、朱之尊孟，其燦然者已。獨司馬光超然絕出，不同尋常。其論學不信孟子，《疑孟》有書；其文章直起直落，質實駿爽，不為描頭畫角，而真氣貫注。王安石推其文類西漢，可謂卓然有以自立者。世人淺見寡識，論古文限於唐宋八家，而不知司馬光疏疏落落，其雄駿掩韓、歐而上之。余故特表而出之云。

閱《史記·儒林列傳》，取《漢書》校一過。竊謂《儒林列傳》而仲尼弟子七十七人，及孟子、荀卿不與者，以其身通六藝，而不專一經也。《漢書·藝文志·諸子略》稱："儒家者流，游文六經之中，留意仁義之際。"《論衡·超奇篇》曰："能說一經者為儒生。"而《儒林》所列，"能說一經者為儒生"也，儒之不名家者也。班固作《漢書》，亦崇儒家而薄儒生；《揚雄傳》稱雄"不為章句訓詁，通而已"，以見為章句訓詁之通者少也。何謂通？《藝文志·六藝略》言："古之學者耕且養，三年而通一藝；存其大體，玩經文而已。是故用日少而畜德多，三十而五經立。"此之謂"游文《六經》"，亦此之謂"不為章句訓詁，通而已"。而儒生則不然。能說一經，為章句訓詁。《易》之有施孟、梁丘，《書》之有歐陽、大小夏侯，《詩》之有齊、魯、韓、毛，《禮》之有大小戴、慶氏，《春秋公羊》之有嚴、顏，《史記》《漢書》著入《儒林傳》者皆是，亦稱辟儒。《藝文志·諸子略》敍儒家稱："惑者既失精微，而辟者又隨時抑揚，違離道本。苟以譁眾取寵，後進循之，是以五經乖析，儒學寖衰。此辟儒之患。""五經乖析"者，謂其"能說一經"而不能"游文六經"也。又《六藝略》稱："後世經傳既已乖離，而博學者又不思多聞闕疑之義，而務碎義逃難，便辭巧說，破壞形體。

就五字之文至於二三萬言，_{桓譚《新論》云："秦近君能說《堯典》篇目，兩字之說，至於十萬言。但說'曰若稽古'，三萬言"}後進彌以馳逐。故幼童而守一藝，白首而後能言。安其所習，毀所不見，終以自蔽，此學者之大患。"亦指儒生而言。若夫儒家者流，則不專一經，不為章句訓詁，"存其大體，玩經文而已"。游文六經，留意仁義。其著書則錄入諸子，不專經而名家；其人則助人君，順陰陽，明教化，而特顯以專傳，若賈誼、董仲舒、劉向、揚雄者是也。大抵儒生不工文章，而儒家者流，則無不能文者，亦稱鴻儒。《論衡·超奇篇》曰："能精思著文，連結篇章者，為鴻儒"，是也。《漢書》之例，儒生入《儒林》，儒家立專傳。而范曄《後漢書》以賈逵、鄭玄兼通五經，立專傳而互見《儒林》，亦用班書賈誼、董仲舒、劉向互見《儒林》之列也。

譚漢學者，多誦訓詁而昧理學，不知宋儒有理學，漢儒亦有理學。而治漢儒理學，尤不可不讀《春秋蕃露》《白虎通》兩書。《春秋蕃露》有江都凌曙曉樓注，《白虎通》有句容陳立卓人疏證，皆以名家。《爾雅》《說文》只知逐字解詁，而全體大用欠分曉；但言詁訓名物，未明義理。而讀《春秋蕃露》及《白虎通》，則以《蕃露》為春秋之名宗，闡《春秋》慎辭、謹於名倫等物之意；《白虎通》為禮家之名宗，發禮官，正百物，敘尊卑，控名而責實之指，義理徵於訓詁，而人倫道妙之全體大用，即見名物訓詁之中。然後復由訓詁名物以通義理，塗徑頓闢。然後進而讀小戴《禮記》四十九篇，以見威儀節文，不過以徵理之不可易；而知控名責實，義理之即名倫等物而見。此漢儒之理學也。漢儒以禮為理，承荀卿禮宗之緒；宋學認性卽理，發孟子性善之指。漢儒蹈禮履仁，附會陰陽家言；宋學明心見性，多雜禪宗說。漢儒只於威儀事為，著實體認，而宋學則性天道奧，愈勘愈深。此其較也。

卷十五　鄭　學

漢儒有專家，有通學。十三經所采者，《詩》有毛公傳，《公羊》有何休學。專名一經學，無旁涉，專家也。獨鄭君戒子，自稱"博稽六藝"，不限顓經，通學也。大抵西京多顓家，而後漢喜通學。

《後漢書·鄭玄傳》稱："凡玄所注，《周易》《尚書》《毛詩》《儀禮》《禮記》《論語》《孝經》《尚書大傳》《中候》《乾象曆》，又著《天文七政論》《魯禮禘祫議》《六藝論》《毛詩譜》《駁許愼五經異義》《答臨孝存周禮難》，凡百餘萬言。門生相與撰玄答諸弟子問五經，依《論語》作《鄭志》八篇。"今可考見者：《詩毛傳箋》《周禮注》《儀禮注》《禮記注》，皆足本也。其散佚而有輯本者，就所覯記，則有盧見曾刻雅雨堂叢書輯本《鄭氏易注》十卷，丁杰輯補《乾鑿度鄭注》二卷，陳春刻胡海樓叢書本《丁杰輯補周易鄭注》十二卷，此《周易》也。岱南閣別行本孫星衍輯《尚書馬鄭注》十卷，焦氏叢書本焦循撰《禹貢鄭注釋》二卷，學津輯本《尚書中候鄭注》五卷，此《尚書》也。問經堂輯本《箴膏肓》一卷，《起廢疾》一卷，《發墨守》一卷，此《春秋》也。浮溪精舍本宋翔鳳輯《論語鄭注》十卷，此《論語》也。知不足齋本臧庸輯《孝經鄭氏解》一卷，嚴可均四錄堂類集本《孝經鄭氏注》一卷，此《孝經》也。問經堂本王復輯《五經異義》[許慎]并《駁義》[鄭玄]一卷，《補遺》一卷，學海堂本陳壽祺撰《五經異義疏證》三卷，秦鑒刻汗筠齋叢書本錢東垣等校《鄭志》三卷，附錄一卷，別下齋刻本陳鱣輯《六藝論》一卷，此《五經》總義也。又有黃奭輯刻漢學堂本《高密遺書》十四種，曰《六藝論》《易注》《尚書注》《尚書大傳注》《毛詩譜》《箴膏肓》《釋廢疾》《發墨守》《喪服變除》《駁五經異義》《答臨孝存周禮難》《三禮目錄》《魯禘祫議》《論語注》《鄭志》《鄭記》，可謂夥頤沈沈矣。

鄭君自稱曰："博稽六藝，粗覽傳記。"范曄贊論曰："括囊六典，網羅衆家。"蓋該六藝而言，則不顓一經；執一經以說，則不主一家。《後漢書》玄本傳稱："師事京兆第五元，先始通《京氏易》《公羊春秋》《三統曆》《九章算術》。又從東郡張恭祖受《周官》《禮記》《左氏春秋》《韓詩》《古文尚書》。以山東無足問者，乃西入關，因涿郡盧植事扶風馬融。"箋《毛詩》，則旁采魯、韓；注《周官》，則兼及《儀禮》《禮記》。今古之學兼綜，門戶之見盡袪；觀其會通，擇善而從，此所以為通也。《後漢書·儒林傳》曰："許慎以五經傳說臧否不同，於是撰為《五經異義》。時人為之語曰：'五經無雙許叔重。'"然則"博稽六藝"，蓋許慎之所同；而"網羅衆家"，則鄭君之所獨。許慎撰《五經異義》，明今古之分，以敦崇古學；鄭君《駁五經異義》，破今古之樊，以兼採今說。此其較也。世人駢稱許、鄭而不別白其辭，夫豈若是其班歟？

卷十六 三 國

　　東漢經學之所為不同於西京者，由專而通；魏晉經學之所以立異於東漢者，由鄭而王。由專而通者，大道無方，學術會通之自然；由鄭而王者，世情忌前，後生奪易之私意。《三國志·王肅傳》稱："肅善賈、馬之學而不好鄭氏，采會異同，為《尚書》《詩》《論語》《三禮》《左氏》解，及撰定父朗所作《易傳》，皆列於學官。其所論駁朝廷典制、郊祀、宗廟、喪紀輕重，凡百餘篇。"又云："肅集《聖證論》以譏短玄。"然玄名家，在能兼綜今古，采會同異；而肅難玄，則當別白今古，辨析同異，如許慎《異義》之學可也。而肅不然。不過玄用今文，而肅難以古文；玄用古文，而肅難以今文。惟銳意於奪而易之，王肅《孔子家語序》云："鄭氏學行五十載矣。義理不安，違錯者多，是以奪而易之。"故為立異耳。觀於《聖證論》以按《五經異義》而可知也。善化皮錫瑞鹿門《禮經通論》亦歷著之。

　　劉知幾云："王肅注書，好發鄭短，凡有小失，皆在《聖證》。"其書久佚，馬國翰玉函山房輯佚書《聖證論》一卷。

　　《漢書·藝文志》有《孔子家語》二十七卷。顏師古注："非今所有《家語》。"世所傳《家語》，凡四十四篇，王肅注《禮樂記》稱："舜彈五弦之琴以歌《南風》。"鄭注："其詞未聞。"孔穎達疏載肅作《聖證論》，引《家語》"阜財解慍"之詩以難康成。又載馬昭之說，謂："《家語》，王肅所增加，非鄭所見。"王柏《家語考》

曰："四十四篇之《家語》，乃王肅自取《左傳》《國語》《荀》《孟》、二戴《記》割裂織成之。孔衍之序，亦王肅自為也。"自昔疑之者多，而未有專書。至清乾隆間仁和孫志祖頤谷撰有《家語疏證》六卷，以為："說經而不尊信鄭康成，宜大道歧而厄言出也。背康成，由王肅；信王肅，由宋人。王肅之背經誣聖，由偽造《家語》《孔叢子》及作《聖證論》，改易漢以上郊祀、宗廟、喪紀之制。"惜魏時王基、孫炎、馬昭難王之書皆不傳，因博集羣書，凡肅所勦竊者，皆疏通證明之，以證肅之竄改謬妄，以明《家語》之非古本。刊版流播，學者稱快。又集駁《聖證論》及疏證《孔叢》《小爾雅》之非古本，其書未成。獨傳《家語疏證》一書。海寧陳鱣仲魚序其端曰："《尚書孔傳》及《家語》，俱王肅一人所作。《尚書》二十八篇，漢世大儒皆習之。肅固不敢竄改，唯於偽增之篇，并偽為《孔傳》以逞其私。至於《家語》，肅以前儒者絕不引及；肅詭以孔子二十二世猛家有其書，取以為解。觀其偽孔安國《後敘》云：'以意增損其言'，則已自供罪狀。然而肅之自敘，首即以鄭氏學為'義理不安，違錯者多，是以奪而易之'。夫敘孔子之書，而先言奪鄭氏之學，則是附會古說，攻駁前儒可知矣。又《自敘》引語云：'牢曰：子云吾不試，故藝。'談者不知為誰，多妄為之說。《孔子家語》：'弟子有琴張，一名牢，字子開；一字張，衛人也。'考鄭注《論語》：'牢，弟子子牢也。'肅之所謂談者，即指鄭氏。夫《論語》記弟子不應稱名；《漢白水碑》，琴張、琴牢判為二人，安得牽合若此耶？馬昭去肅未遠，乃於《家語》一則曰'王肅增加'，再則曰'王肅私定'，斯言可為篤論。"然籀馬昭語氣，曰增加，則有原文，有增加似不全偽造也。今按四十四篇，雜采《荀子》、小戴《記》者三十三篇，全襲大戴《記》者五篇；惟《致思》《觀周》

《辯政》《辯物》《七十二弟子解》《本性解》六篇，別本他書。

《晉書·范寧傳》稱："時以浮虛相扇，儒雅日替。寧以為其源始於王弼、何晏蔑棄典文，不遵禮度，游辭浮說，波蕩後生。二人之罪，深於桀紂；桀紂暴虐，正足以滅身覆國，為後世鑒戒耳，豈能迴百姓之視聽哉！吾固以為一世之禍輕，歷代之罪重；自喪之釁小，迷衆之罪大也。寧崇儒抑俗，率皆如此。"然何晏解《論》，集漢儒訓詁之善，古義廑存；輔嗣注《易》，開宋儒義理之先，新蹊自闢。模楷儒林，亦自名家；何嘗蔑棄典文，如寧所譏乎？

王弼《易》注，說漢《易》者屏之不論不議。獨江都焦循理堂以弼通借解經，法本漢儒，撰《周易補疏》而序其端曰："昔趙賓解箕子為荄茲，或詡其說曰，非王弼輩所能知也。然弼之解箕子，正用趙賓說，孔穎達輩不能申明之也。非特此也。如讀彭為旁、借雍為甕、通孚為浮而訓為務躁、解斯為廝而釋為賤役，諸若此，非明乎聲音訓詁，何足以明之。東漢末以《易》學名家者，稱荀、劉、馬、鄭。荀謂慈明爽，劉謂景升表。表之學受於王暢。暢為粲之祖父，與表皆山陽高平人。粲族兄凱為劉表女壻；凱生業，業生二子，長宏，次弼。粲二子既誅，使業為粲嗣。然則王弼者，劉表之外曾孫，而王粲之嗣孫，卽暢之嗣元孫也。弼之學，蓋淵源於劉，而實根本於暢。宏字正宗，亦撰《易義》。王氏兄弟皆以《易》名，可知其所受者遠矣。故弼之《易》雖參以己見，而以六書通借解經之法，尚未遠於馬、鄭諸儒；特貌為高簡，故疏者概視為空論耳。弼天資察慧，通儁卓出，蓋有見於說《易》者支離附會，思去偽以得其眞，而力不逮；故知變卦之非而用反對，知五氣之妄而信十二辟；唯之與阿，未見其勝也。解'龍戰'以坤上六為陽之地，固本爻辰之在己；解'文柔、文剛'以乾二坤上言，仍用卦變之自泰來，改換其皮毛，而本無真識也。然於觀則會及全蒙，於損亦通諸剝道。聰不明之傳，似明比例之相同。觀我生之交，頗見升降之有合。機之所觸，原有悟心。然則弼之《易》，未可屏諸不論不議也。"可謂明於獨炤，不隨衆詬者。

魏受漢禪而學風迥異。（一）東漢經學極盛，崇尚儒者，而魏氏承漢，譚學喜老莊，從政師商韓，競以儒家為迂闊，不周世用。（二）東漢士風敦厚，服膺先儒，辨其參差而不沒其多善；辭氣謙恭，無囂爭求勝之心。其焯焯可考信者，鄭玄破先儒而不明引其說，又以馬季長弟子，不欲正言相非，依遠而言。_{見卷十五《鄭學》}不如三國時王弼、虞翻以所長笑人，好為詆誹，旣失博學知服之義，且開露才揚已之風，此學者之大病也。

卷十七　朱　子

陳氏《鄭學篇》引王西莊云："學者若能識得康成深處，方知程朱義理之學，漢儒已見及。程朱研精義理，仍卽漢儒意趣；兩家本一家。"《十七史商榷·卷六十四》以為："昔之道學家，罕有知漢儒見及義理之學者，更罕有知程朱卽漢儒意趣者。"而此篇則引朱子《論語訓蒙·口義序》云："本之《注疏》以通其訓詁，參之《釋文》以正其音讀，然後會之諸老先生之說，以發其精微。"《語孟集義序》云："漢魏諸儒正音讀，通訓詁，考制度，辨名物，其功博矣。學者苟不先涉其流，則亦何以用力於此。"遍舉《文集》《語類》之發此義者，以明朱子之守注疏、治訓詁，由訓詁以通義理。然朱子《答黃直卿書》："為學直是先要立其本，文義卻可且與說出正義，令其寬玩味，未可便令考校同異，研究纖密；恐其意思促迫，難得長進。"朱子好考證之學，而又極言考證之病。陳氏乃申論之曰："讀書、玩理與考證，自是兩種工夫。朱子立大規模，故能兼之。學者不能兼，則不若專意於其近者也。朱子時為考證之學甚難，今則諸儒考證之書略備，幾於見成事物矣。學者取見成之書而觀之，不甚費力，不至於困矣。至專意於其近者，則尤為切要之學。而近百年來，為考證之學者多，專意於近者反少，則風氣之偏也。"此則承漢學極熾之後，而為補偏救弊之談；陳氏生平宗旨所在，而東塾讀書之眼。學者不可不知。所謂"專意於其近者"，卽在人倫日用之間，孔子曰："己欲立而立人，已欲達而達人。能近取譬，可謂人之方也已。"[1]《中庸》謂："忠恕違道不遠，施諸己而不願，亦勿施於人。"此之謂近，亦此之謂"立其本"也。

陳氏之指，在融通漢、宋。然在清乾隆以前，未嘗有標揭漢學以詆宋儒者。太原閻若璩百詩、甘泉江藩鄭堂撰《漢學師承記》，嘗揭舉之為漢學開山之祖者也。然若璩以《古文尚書疏證》有大名，而古文二十九篇之偽，朱子《語錄》已發其覆；特證佐未具，俟若璩出而蒐集，加以論定焉爾。若璩作《毛朱詩說》，右《集傳》而左《毛序》，此其於漢學殆不僅有騎牆之見而已。至濟陽張爾岐稷若、婺源江永慎修二人，則又篤信朱子，彰彰可考者也。張爾岐之《儀禮鄭注句讀》、江永之《禮經綱目》，咸用朱子《儀禮經傳通解》之法；而江氏《近思錄集註》，尤理學之圭臬。張氏且嘗以有明甲申之變，由於秉國成者，菲薄程朱之一念有以致之，語著《蒿庵閒話》，何嘗以漢學標舉乎？吳縣惠周惕元龍、子士奇天牧及孫棟定宇三世傳經，棟所造尤邃，著《周易述》《古文尚書考》《春秋補注》《九經古義》等書。論者擬之漢儒，在何邵公、服子慎之間。而惠氏《紅豆山齋楹帖》云："六經宗孔孟，百行法程朱。"亦何嘗以漢學標舉乎？休寧戴震東原為皖派開山，其學本出江永，作《原善孟子字義疏證》，雖與朱子說經牴悟，然采朱子說以撰《毛鄭詩考正》，則亦未嘗故立岸岸。金壇段玉裁若膺受學於震，議以震配享朱子祠。又跋朱子《小學》稱："或謂漢人言小學，謂六書，非朱子所云，此言尤悖。夫言各有當。漢人之小學，一藝也；朱子之小學，蒙養之全功也。"段氏以精研《說文》之人，而推朱子小學以崇之漢人

---

[1] "巳"當作"已"。——編者註

小學之上，何嘗標揭漢學以詆宋儒乎？江藩為惠定宇再傳弟子，_{其師吳下余蕭客古農執贄於惠氏}辯生末學，始標揭漢學以撰《師承記》，門戶角張。段氏外孫仁和龔自珍瑟人即不謂然，詒箋諍曰："大著讀訖，其曰《漢學師承記》，名目有十不安焉。改為《國朝經學師承記》，敢貢其說：夫讀書者實事求是，千古同之。此雖漢人語，非漢人所能專。一不安也。本朝自有學，非漢學；有漢人稍開門徑而近加邃密者，有漢人未開之門徑。謂之漢學，不甚甘心。不安二也。瑣碎飣餖，不可謂非學，不得為漢學！三也。漢人與漢人不同，家各一經，經各一師，孰為漢學乎？四也。若以漢與宋為對峙，尤非大方之言，漢人何嘗不談性道。五也。宋人何嘗不談名物訓詁，不足概服宋儒之心。六也。近者有一類人，以名物訓詁為盡聖人之道；經師收之，人師擯之，以詆漢人，漢人不受。七也。漢人有一種風氣，與經無與，而附於經，謬以神竈梓慎之言為經；因以汨陳五行，嬌誣上帝，為說經。大《易》《洪範》，身無完膚，雖劉向亦不免，以及東京內學；本朝人何嘗有此惡習，本朝人又不受矣。八也。本朝別有絕峙之士，涵泳白文，翔獲於經；非漢非宋，亦其是而已矣，方且為門戶之見者所擯。九也。國初之學，與乾隆初年以來之學不同。國初卽不專立漢學門戶，大旨欠區別。十也。有此十者，改其名目，則渾渾圓圓，無一切語弊矣。"江藩不從，其鄉人焦循理堂亦有異議。桐城方東樹植之遂作《漢學商兌》，以為反唇之論。是為漢、宋之爭所由始也。

方東樹生乾嘉漢學極盛之日，撰為《漢學商兌》上、中、下三卷；其指在申宋學以詘漢學，急言極論，殫見洽聞。詞筆旣明快，足以達其所見；考據尤詳該，足以證其不誣。漢學家每以考據傲宋學之不逮，而東樹卽以考據發漢學之覆。晰而不枝，覈而能當，卽以其人之道，還治其人之身，實開後來陳東塾、朱無邪一派；博學明辨，未可以文章之士而少之也。其書仿朱子《雜學辨》例，摘錄漢學家議論，各為辨正。而綜其指要，大端有六：一曰宋儒明義理之不廢訓詁。昔宋周公謹有言曰："伊洛之學，行於世，至乾道、淳熙間盛矣。其能發明先賢旨意，溯流徂源，論著講解，卓然自為一家者，新安朱氏元晦尤淵深精詣。蓋其以至高之才，至博之學，而一切收斂、歸諸義理；其上極於性命天人之微，而下至於訓詁名數之末，未嘗舉一而廢一。蓋孔孟之道，至伊雒而始得其傳；而伊雒之學，至朱氏而始無餘蘊。必若是而後可言道學也已。"而漢學家議論，乃以宋儒廢《注疏》，使學者空言窮理，啟後學荒經、蔑古、空疏之陋。然此可以譏陸、王，而非所論於朱子。朱子教人為學，諄諄於漢魏諸儒，正音讀，通訓詁，考制度，釋名物；學者不先涉其流，則亦何以用力。而所為《四書集注》，唯重發明義理者，以訓詁名物，注疏已詳，不復為解。故曰："邢昺《論語疏》集漢魏諸儒之說，其於章句、訓詁、名物之際詳矣；學者讀是書，其文義、名物之詳，當求之《注疏》，有不可略者。"又曰："秦漢以來，聖學不傳。儒者惟知訓詁、章句之為事，而不知復求聖人之意，以明夫性命、道德之歸。然或徒誦其言以為高，而不知深求其意，遂致脫略章句，陵藉訓詁，坐談空妙；而其為患反有甚於前日之陋者。"又曰："自秦漢以來，儒者不知反己潛心，而以記覽誦說為事；是以有道君子，深以為憂。然亦未嘗遂以束書不觀，坐談空妙，為可傲倪於有聞也。"又曰："或遺棄事物，脫略章句，而相與馳於虛曠杳渺之中。"又曰："其有志於為己者，又直以為可以取足於心而無事外求也，是以墮於佛老空虛之邪見；而義理之正，法度之詳，有不察也。"又引《說文》解《易·恆卦》，又於《大有》用享，以為亨、享字，《易》中多互用；因言文字音韻，是經中淺事，故先儒得其大者，多不留意。然此等處不理會，卻費無限辭說牽補，卒不得其意，亦甚害事。據此，朱子教人讀書平實如此；可知朱子非廢訓詁、名物不講，如漢學諸人所訾謗也。又諸漢學家皆譏義理為鑿空，亦是詖辭。須知孔子繫《易傳》及子夏、子貢、孟子《禮記》《大學》《中庸》諸篇及《孝經》等，凡引《詩》《書》，皆不拘求訓詁；即漢儒如費直、匡衡亦然，不獨程子也。然而朱子訓詁諸經，一字一句無不根極典謨，每謂："擺落傳注，須是二程先生，方始開得此口。若後學未到此地位，便承虛接響，容易呵叱，恐屬僭越氣象。"特不如漢學家之泛引駁雜耳。一曰漢學言訓詁之必衷義理。戴東原嘗言："訓詁者，義理之所從出；非別有義理出乎訓詁之外也。"又言"吾自十七歲時，有志聞道，謂非求之六經、孔孟不得。非從事字義、名物、制度，無由通其語言、文字"云云。若是，則與朱子固為一家之學矣。顧所以斥朱儒者，則曰："以理為學，以道為統，以心為宗，探之茫茫，索之冥冥，不如反而求之六經。"昔程子受學於周茂叔，亦曰："反而求之六經。"則程朱固未嘗舍六經而為學也。且所謂求於六經者，何也？非謂求其道、求其理、求其心耶？戴氏力禁言理，而所以反求之於六經者，僅在於形聲、訓詁、名物、制度之末。譬如良農舂穀，盡取精鑿以去；貧子不知，方持糠秕以傲之。何以異於是？古今學問大抵二端：一小學、一大學。訓詁、名物、制度，祇是小學內事。《大學》直從明新說起，《中庸》直從性、道說起；此程朱之教所主，為其已成就向上，非初學之比。如顏子問仁、問為邦，此時自不待與之言小學事矣。子夏固謂草木有區別，是也漢學家昧於小學、大學之分，混小學於大學；白首著書，畢生盡力，止以名物、訓詁、典章、制度，小學之事，成名立身。用以當大人之學之究竟，絕不復求明新、至善之止；痛斥義理、性道之教，不知本末也。夫謂義理卽在訓詁，是也。然訓詁不得義理之眞，致誤解古經，實多有之。若不以義理爲之主，則彼所謂訓詁者，安可特以無差謬也。古人一字異訓，言各有當。漢學家說經，不顧當處上下文義，第執一以通，乖遠悖戾而曰義理本於訓詁，其可信乎？言不問是非，人惟論時代，以爲去聖未遠，自有所受，不知漢儒所說，違誤、害理者甚衆。如荀悅《申鑒》云：＂文有磨滅者，音有楚夏，出有先後，或學者先意有所措定，後世相倣，彌以滋僞。＂朱國楨《湧幢小品》云：＂古人、古事、古字，散見雜出，各不相同。見其一，不見其二，闖然糾駁，未免爲古人所笑。＂不明乎此，而強執異本異文，以訓詁齊之，其可乎？漢學諸人，釋經解字，謂本之古義者，大率祖述漢儒之誤，傅會左驗，堅執穿鑿，以爲確不可易；如以＂箕子＂爲＂荄滋＂，＂枯楊＂爲＂姑陽＂，＂蕃庶＂爲＂蕃遮＂。數百千條，迂晦難通。何義門云：＂但通其訓詁而不辨義理。漢儒之說，皆高子也。＂信乎朱子有言：解經，一在以其左證之異同而證之，一在以其義理之是非而衷之；二者相須，不可缺，庶幾得之！今漢學者全舍義理而求之左驗，以專門訓詁爲盡得聖道之傳，所以蔽也。總而言之：主義理者，斷無有舍經、廢訓詁之事；主訓詁者，實不能皆當於義理。何以明之？蓋義理實有時在語言、文字之外者，故孟子曰：＂以意逆志，不以文害辭，辭害意也。＂宋儒義理，原未嘗歧訓詁爲二而廢之；有時廢之者，乃正是求義理之眞而去其謬妄穿鑿、迂曲不可信者耳。若其不可易者，古今師師相傳，如朱子《詩集傳》訓多用毛、鄭，何邃能廢之也。漢學之人，主張門戶，專執《說文》《廣雅》小學字書，穿鑿堅僻，不顧文義之安，正坐斥義理之學，不窮理故也。考漢學諸公，大抵不識文義，故於義理多失。蓋古人義理，往往卽於語氣見之；此文章妙旨，最精之說，漢學不解也。如臧氏[琳]說《孟子》"夫子之設科也"，子為予字之誤。不知此句若作孟子自道，則不特文勢弛緩不屬，令人索然，且似孟子自承認門人為竊；大儒取友，乃收召無賴小人，汙辱門牆，害義甚矣。漢儒之說，所以有不可從者，此類是也。_{按趙氏注稱："孟子曰'夫我設教，授之科'云云。"又章旨云："雖獨竊，屢非己所絕，是發直作孟子自認也"}又據唐石經謂《詩》"蕭蕭馬鳴"當作"肅肅"，因引毛傳為證。無論《開成石經》最劣，不足信據，而杜子美在前已用"蕭蕭"，非石刻作"肅"，後人妄改加"艸"也。卽謂木版在大歷之世，而子美讀已如此，可知非後人刊改也。毛傳言"不讙譁"，正形容得是時出師氣象，及詩人措語之妙；言但耳聞馬鳴，目見旆旌，肅然不聞人聲，故以"不讙譁"雙釋二句。若肅專屬馬，則此傳止當在馬鳴一句，下旆旌是無知物，非有血氣，豈亦可以不讙譁詰之乎？要之此詩連下文皆有肅意，正不必獨於馬用本義；故朱子移毛傳"不讙譁"於"徒御不驚"之下，而於下節有聞無聲，亦以至肅解之也。劉勰云："詩人感物，聯類不窮，流連萬象之際，沈吟視聽之區。寫氣圖貌，隨物宛轉；屬采附聲，與心徘徊。故灼灼狀桃花之鮮，依依盡楊柳之態，杲杲為日出之容，瀌瀌擬雨雪之狀，喈喈逐黃鳥之聲，喓喓學草蟲之韻。"由勰此論，則肅肅狀馬聲甚拙，不及蕭蕭字遠甚；非但失義，並失情景之妙。臧氏謂蕭涼、蕭條，並入近人辭氣，不知風雨瀟瀟，亦非近人詩也。_{瀟，《說文》："水名。"若詩人以狀風雨意，則亦蕭涼意}又如段氏[玉裁]說《左傳》"人盡夫也"當為天字之說，不知此句緊對上文父與夫句作答；又以見其母為機速婦人，一時相紿倉卒情事，不暇顧理，口角如繪之妙。若作天字，則是其母正告以三綱之義，分義至重，安得人盡云云而方教之以背其天乎？語不知偏正，理不知倒邪，而鹵莽著書，真所謂訆癡符也。古人言各有當，漢學家每執一以解之；其意主於破宋人之說，其辭務博辨廣徵，案往舊造說以聾人而奪之,而遂不顧畔道離經矣。又陳見桃據《爾雅》"切、磋、琢、磨"四者,各為治器之名,非有淺深;朱子釋為磋精於切,磨密於琢,殆強經以就己說云云。按毛傳雖本《爾雅》,作四事解,然《爾雅》本以釋《詩》,訓詁之體,未暇釋意。武公作詩,子貢賦詩,不據《爾雅》。況毛傳云:"道其學而成也。聽其規諫以自修,如玉之琢磨也。"亦本《大學》傳作二義,不析切與琢、磋與磨分言者;古人無此行文法,故貴以意逆志也。朱子釋之至明而確,事理昭然,正合子貢之意。陳氏不諳文義,又不知說經與訓詁體例不同,又昧於事物之理而妄譏之,謬矣。漢學說經,所譏於唐宋諸儒,謂經字曰譌;經義不合者,數百十條,大抵斷截小文,媒糵微辭,皆若此類。雖非閎旨所關,而疑似亂真,姑舉此數條以見例,學者推類以盡其餘可也。至戴氏之譏程子曰:"《中庸》開卷說性卽理也,如何說性卽是理?"豈知程子此語,正用康成《樂記》注"理卽性也"語。戴氏極詆程朱,固奉康成為宗主矣;何又失檢《禮注》,漫肆詆訶。若夫性卽是理,此句與孟子性善同功,皆截斷眾流語,固非眾賢小儒所能見及;考證文章,皆欲為明義理也。漢學諸人,其蔽在立意蔑義理,所以千條萬端,卒偏於謬妄不通,貽害人心、學術也。戴氏後猶知悔之,其稱天下有義理之源,有考覈之源,有文章之源。旣而曰:"義理,卽文章考覈之源。義理復何源哉!吾前言過矣。"及其臨終,則曰:"生平讀書絕不復記,到此方知義理之學,可以養心。"此與王弇洲臨歿服膺震川同為迴光返照。蓋其天姿聰明本絕人,平日特為風力陰識所鼓,不能自克;臨歿之際,風力陰識之妄漸退,而孤明炯焉。乃焦循作《申戴》,又從而為之辭也。漢學惠、戴開山。惠棟雖標漢幟,尚未厲禁言理;而厲禁言理,則自戴氏始。一曰窮理必以明心。戴震禁言理,詆程朱不當別言有理具於心。而其先黃震、顧炎武禁言心,以理流行於天地古今,特具於心,而不當以心為主;皆邊見邪見,非正知見也。孟子曰:"權然後知輕重,度然後知長短。物皆然,心為甚。"古今神聖、一切智愚、動作云為,皆心之用也。今為學欲明聖人之道,而拔本塞源,力禁言心,不知果有當於堯、舜、禹之意否邪?黃氏《日鈔》說《尚書》"人心惟危,道心惟微"四語云:"此本堯命舜之辭。舜申之以命禹,加危微精一於允執厥中之上,所以使之審擇而執其中耳。此訓之之辭也,皆主於堯之執中一語而發,豈為心設哉!近世喜言心學,舍全章本旨而獨論人心道心;甚者單撫道心,而直謂心即是道。蔡九峯作《書傳》,乃因以三聖傳心為說,指十六字為傳心之要,而禪學者借以為據矣。"唐虞之世,未有禪病。今以梁以後禪學,豫代古帝防之,動欲改避經文,抑何可笑。漢學之徒,益推而極之,以為荀子引"人心之危,道心之微"出《道經》,直證以為出於《道藏》,而快朱子傳心之說,見斥於其徒。愚以為此二語,既為荀子所引,下文又曰"危微之幾,惟明君子而後能知之",則荀子視此二語亦不輕矣。夫所惡於禪學即心是道者,謂其專事明心,斷知見,絕義理,用心如牆壁,以傲倖於一旦之灑然證悟。若夫聖人之教,兢業以持心;又精擇明善以要於執中,尚有何病。蓋單提危、微二語,雖警惕提撕,意猶引而不發;至合下精一執中,則所以區處下手功夫至密,道理直盛得水住,而猶妄議之,可謂昧矣。或又謂心一而已,安有人心道心?孟子曰:"仁,人心也。"是人心不可指為欲心。不知孟子此言,探其本始言之,即性善之旨,所謂道心也;然固不可謂一切人之心,皆全於仁而無欲也,故又嘗曰:"失其本心""陷溺其心。"夫陷溺而失之者,即欲心人心也。若謂人皆無欲心,則《記》所稱"易慢之心""非僻之心",果何心也?試令夫人自捫其心，果皆仁而無欲乎？惟夫人心本仁而易墮於人欲之危，是以聖人既自擇而守之以執其中，又推以為教於天下萬世。千言萬語，欲使同歸於仁而已。然固不能人人皆自覺悟以返於仁，則賴有此四言之教，相傳不刊，以為迷途之寶炬慧燈；所以歷代帝王，兢兢守之，不敢失墜。此所謂傳心者也。嘗試論之；以為禪家卽心是道，與陽明本心良知，大略亦皆是道心一邊，所以差失作病痛，正為少精一以執中耳。初學之士，欲審善惡邪正，全在察人心道心危、微二端之幾；懋修之儒，欲誤認道心墮禪之失，全在精一執中之學。黃氏乃畏病而不識病源，轉欲去其藥，浸假而並欲去其軀體；輕於立論，真妄庸也。顧亭林乃益推衍黃氏之意曰：「心不待傳也。流行天地，貫徹古今而無不同者，理也；理具於吾心而驗於事物。心者，所以統宗此理而別白其是非；人之賢否，事之得失，天下之治亂，皆於此判。此聖人所以致察於危微精一之間，而相傳以執中之道，使無一事之不合於理，而無有過不及之偏者也。禪學以理為障，而獨指其心；曰不立文字，獨傳心印。聖賢之學，自一心而達之家國之用，無非至理之流行；明白洞達，人人所同，歷千載而無間者，何傳之云。」其辭甚辨。但如顧氏所云：「心者所以統宗此理。聖人所以致察於微危精一，相傳以執中，使無不合於理。」是顧氏已不能舍心以言理。又云：「聖賢之學，自一心達之家國之用，無非至理，歷千載而無間。」是顧氏已自明言聖人以其心統具此理以傳於千載。夫理具於心，無古今一也；今言理而不許言心，譬如言世人但取足於米，不必言禾，此不為童昏之見耶？考朱子作《記疑》一卷，中有論傳心一條，實為宋明之季諸儒所宗；今錄以正黃氏、顧氏之辨為不得其理。其辭曰：「先聖後聖，若合符節，非傳聖人之心，傳己之心也。己之心，無異聖人之心，廣大無垠，萬善皆備；欲傳聖人之道，擴充此心而已。"朱子辨曰："學聖人之道，乃能知聖人之心。知聖人之心以治其心，而至於與聖人之心，無以異焉，是乃所謂傳心者也。豈曰不傳其道而傳心，不傳其心而傳己之心哉？且既曰己之心矣，則又何傳之有。"按此言傳心非傳聖人之道，固為大謬；黃氏、顧氏又以第傳聖人之道而不當言心，益為鶻突。孟子論見知聞知，又曰："先聖後聖，其揆一也。"夫其所以知者何也？非以其心知之耶？則後聖心之所知，卽前聖心之所傳也。大抵考證家用心尚粗疏，故不喜言心言性、言理言道；又會有禪學、心學之歧，為其藉口。此中是非雜糅，如油著麵，本不易明。黃氏、顧氏以言心為墮禪，論雖滅裂，猶實有其害。近漢學家以致知、窮理為墮禪，直是亂道。不知禪之失，正在不求心窮理；而禪之妙，亦正在不許求心窮理。纔一求心窮理，便非禪。故其說曰："汝他日做得一把茅蓋屋，止成得一個知解宗徒。"又曰："不可以知知，不可以識識。"又曰："不涉思議。"又曰："心無所住。"又曰："將心用心，卻成大錯。"夾山三槳，汾州正鬧，皆切切嚴禁用心；以理為障，以斷知見為宗，離想為宗，六祖五宗相傳祕密皆如此。今漢學家咎程朱以言心言理墮禪，豈知程朱是深知禪之害，在不致知窮理，故以致知窮理破彼學而正吾學之趣耶？惟聖人吾儒之學，無不求心窮理；而禪家則切禁求心窮理，其事正相反。漢學者標訓詁、名物為宗，無以破程朱言理之正，則壹借禪以誣之。不知程朱言人心道心，精一執中，致知窮理，正是破禪。又不知己之禁、不許言心言理，乃是用罔，正與禪同病。而又或居身行己，湛溺忿慾，卑惑苟妄，且為禪之所呵棄，鄙薄不屑。不此之念，而反咎程朱救墮禪之病為墮禪，顛倒迷謬，悖者以不悖為悖。究之儒、禪兩邊，皆不曾用功，徒取門面字樣，紙上文句，耳食程朱闢禪緒論，反以噬之，混以誣之。

世俗不學無聞者衆，驚聞其說，不辨涯涘，因附和之以為信然云爾。一曰《說文》非可證經，語詳《小學篇》；一曰宋儒以力行為實事求是，漢學以考證為實事求是，所以號於天下一也，而歸趣大異。朱子曰："聖賢說性命，皆是就實事上。言盡性，便是盡得三綱五常之道；言養性，便是養得此道而不害。至微之理，至著之事，一以貫之，非虛語也。"陸子曰："古人自得之故有其實。言理則是實理，言事則是實事。德則實德，行則實行。"又曰："宇宙間自有實理。所貴乎學者，為能明此理耳。此理苟明，則自有實行實事。"又曰："千虛不博一實。吾生平學問無他，只是一實。"又曰："古人皆是明實理，做實事。"又曰："做得功夫實，則所說即實事，不說閒話；所指人病，即是實病。"袁絜齋[董]言："嘗見象山讀《康誥》，有所感悟；反己切責，若無所容。"據此，則是宋儒窮理盡性而所以反求之六經，其實如此。漢學家皆以高談性命為便於空疏，無補經術；爭為實事求是之學，衍為篤論，萬口一辭，牢不可破。以愚論：實事求是，莫如程朱，以其理信而足可推行，不誤於民之興行；然則雖虛理而乃實事矣。漢學諸人，言言有據，字字有考，只向紙上與古人爭訓詁、形聲、傳注，駁雜援據羣籍證佐數百千條；反之身己心行，推之民人家國，了無益處，徒使人狂惑失守，不得所用；然則雖實事求是，而乃虛之至者也。一曰宋儒窮理，漢學言禮。阮氏元曰："朱子中年講理，晚年講禮，誠有見於理必出於禮也。如殷尚白，周尚赤，禮也。使居周而有尚白者，以非禮折之，則人不能爭；以非理折之，則不能無爭矣。故理必附於禮以行。空言理，則可彼可此之邪說矣。然則《三禮注疏》，學者不可不讀。"其說蓋本顧亭林。亭林在關中論學曰："諸君，關學之餘也。橫渠、藍田之教，以禮為先。孔子教顏子博文約禮，而劉康公亦云民受天地之中，所謂命也，是以有動作威儀之則以定命。然則君子為學，舍禮何由。某年過五十，始知不學禮，無以立。"然亭林論率履之禮，阮氏主注疏、訓詁、名物之禮。亭林禮以孔門執禮約禮，斥明儒心學縱恣之失；阮氏以注疏名物制度，砭宋儒格物窮理之學。宗旨各有在也。不知禮是四端五常之一，理則萬事萬物咸在。所謂"禮者理也，官於天也""禮者，天理之節文"、天敘、天勅云云，皆是就禮一端，言其出於天理，非謂天理盡於禮之一端；而萬事萬物之理，舉不必窮也。周子言理曰："禮者，是就四德分布者言，非以一禮盡四德之理也。"蓋分言之，則理屬禮；合論之，仁義智信皆是理。理幹是非，禮是節文。若不窮理，何以能隆禮、由禮而識禮之意也？子夏曰禮後，則是禮者為迹，在外居後。理是禮之所以然，在內居先。而凡事凡物之所以然處皆有理，不盡屬禮也。今漢學家厲禁窮理，第以禮為教；又所以稱禮者，惟在後儒注疏名物制度之際，益失其本矣。至其援朱子晚年修禮經諸說，此乃誣朱子中年言理，晚始悔而返之於禮者，與陽明、朱子晚年定論，其事恰相反；而其用意之私，為說之巧，伎倆則適相同。斯其辨蘘漢宋之學，剖析疑似之際，箴廢起疾，議論鑿鑿。自來漢學家深疾其言，而無有針鋒相對以為駁難者，豈不以言有據依，洞中肯會，陰實無可措辭，陽為不足重輕；姑以為不值一辨，而置之不論不議之列云爾。

陳氏引黃梨洲云："自周元公以主靜立人極開宗，明道以靜字稍偏，不若專主於敬；伊川則以敬字未盡，益之以窮理之說，而曰：'涵養須用敬，進學在致知。'《宋元學案卷十六》而推論之，以為：'朱子又益之以讀書之說，而曰：窮理之要，必在於讀書。'蓋三變而愈平愈實，愈無弊矣。"此可作《理學宗傳》一則提要讀。

朱子之學，極高明而道中庸，道問學以尊德性。而在當日別出朱子以自名家者，不出兩派。有尊德性而不道問學者，象山是也；有崇事功而恥言尊德性者，永嘉、永康是也。朱子《答敬夫論中庸章句書》云："大率擺落章句，談說玄妙，慣了心性。"《答吳伯豐書》云："元來道學不明，不是上面欠卻工夫，乃是不面元無根腳。"《答陳安卿書》云："不可一向如此向無形處追尋。"《答許順之書》云："不要說得太高妙、無形影，非惟教他人理會不得，自家亦理會不得。"此朱子之所以殊象山也。陳同甫亮言於孝宗曰："今世之儒士，自以為正心誠意之學者，皆風痹不知痛癢之人也。舉一世安於君父之讎，方且低頭拱手，高談性命之學，不知何者謂之性命乎？"此永康、永嘉之所為譏朱學也，亦論朱學者所不可不知。

朱一新與陳氏同時，而為《無邪堂答問》五卷，表章朱子，商兌漢學，則尤與陳氏若合符契，而有足以相發者。其論以為漢學家喜稱師法，而不許宋學之言宗旨；喜言訓詁，而不許宋學之言心性；喜譚考據，而不許宋學之明義理；喜議禮，而不許宋學之說理。可謂知其一而不知其二者也。古者多言禮而少言理，以禮樂之事，童而習之，有迹踪之可循；聖門以下學之功示人，故不空言理。宋儒則言理居多，仍與約禮之旨無異。蓋禮經殘闕，古今異宜，大而朝聘燕饗，小而宮室器服，多非後人耳目之所習；與之言禮，雖老師宿儒，或不能盡通其義。古人制禮之精意，何莫不由天理而來，故曰："禮也者，理之不可易也。"《禮記》《樂記》禮有文有本。其文之委曲繁重者，非後世所能行，亦非愚夫所能喻，則不得不舉禮之精意言之。漢學家以是攻宋儒，未之思也。惟其即博文，即約禮，故無後世過高之弊與汎濫之失。朱子教人讀書，而讀書必歸於窮理。_{讀書窮理即博文約禮，語雖殊而意則一}於二陸之直指本心者，則慮其過高而失下學上達之旨；於東萊之多治史學者，則慮其泛濫而貽玩物喪志之譏。至明季及乾嘉以來，而其言無一不驗，故擇術不可不慎。程朱所以為聖學正宗者，此也。宋學書甚多，先擇其要者讀之。《近思錄》為四子書之階梯。朱子《語類》《文集》，精博無匹，學者最宜致力。《性理大全》，近人束諸高閣，不知宋五子書，布帛菽粟！《性理》中如《太極圖說》《通書》《西銘》《正蒙》，探性道之原，抉陰陽之祕；淺人自不解，乃以空虛斥之！《大全》博采宋元儒說，發明其義，研窮秒忽，足以羽翼六經。諸儒之言，精實淵深，豈容一毫粗心浮氣於其間耶？宋學以闡發義理為主。義理者，從考證中透進一層；而非精於考證，則義理恐或不確。故朱子終身從事於此，非遺棄考證之謂也。朱子言："考證別是一種工夫，某向來不曾做此。"自謙之詞。今讀《語類》，隨舉一事，無不通貫；而考證之粗迹，悉融其精義以入之。斯其文初無餖飣之習，莫非經籍之光，宋五子尚已。若漢之董江都、劉中壘、匡稚圭、揚子雲諸人，皆有此意。西漢之學，所以高出東漢也。西漢大儒最重微言，宋儒則多明大義；然精微要眇之說，宋儒固亦甚多。其言心言性，乃大義之所從出，微言之所寓。漢學家獨禁人言之，則無論《周易》一書，專明性道，卽四子書中言心性何限。古書言性，有以性命言者，卽宋儒所云義理之性也；有以才質言者，卽宋儒所云氣質之性也。疏家每不甚分析，然此不足為孔、賈病，彼時常解如此。性命道德之說，至宋儒始精。宋儒之有宗旨，猶漢學之有家法。拘於家法者非，然不知家法，不可以治經；好立宗旨者非，然不知宗旨，不可與言學術。學術者，心術之見端；差之毫釐，謬以千里，聖賢無不於此致慎焉。《論語》一書多言仁，仁卽聖門之宗旨。《孟子》七篇言性善、言仁義，仁義、性善，卽孟子之宗旨。其他諸子百家亦皆有之。惟其有心得，而後有宗旨，故學雖極博，必有至約者以為之主；千變萬化，不離其宗，六經無一無宗旨也。苟徒支離曼衍以為博，捃摭瑣碎以為工，斯渺不知其宗旨之所在耳。夫樂之旨在和，禮之旨在敬。《禮記》開卷卽言敬，大小戴之所述者，莫不以是為宗；此禮經之大義。漢儒謂之大義，宋儒謂之宗旨，其揆一也；故不合於六經大義者，不可以之為宗旨。六經大義，心之所同然者也。心之所同然者何也？謂理也、義也。義理之學，宋儒以之為教，孔孟曷嘗不以為教？漢學家惟惡言理，故與宋儒為仇。理義之悅我心，猶芻豢之悅我口，豈苦人以所難哉！先王本理以制禮，以禁慝也。有禮斯有樂，以導和也。古樂旣亡，禮亦為文飾之具；宋儒因亟以理明之，又恐人矜持拘苦，而屢以從容樂易導之。今讀其遺書，以理為教，實多以禮為教。而戴東原則曰："程朱憑在己之意見而執之曰理，以禍斯民。"且謂："聖人以體民情、遂民欲為得理。"見《東原文集孟子字義疏證》夫程朱正恐人之誤於意見，故有窮理之功；東原乃謂其認意見為理。漢學家略涉宋學藩籬而以之攻宋儒，首推戴東原。乾嘉諸儒，東原與錢竹汀並推巨擘；一精於經，一精於史。竹汀博洽過東原，湛深不逮，而弊亦較少；其言名物、制度、曆算、音韻，固足津逮來學。至東原《孟子字義疏證》，語多支離，謬不勝究；大率以人欲為性之本然，當順而導之，不當逆而制之。此惟聖人所欲不踰矩者乃可，豈中人以下之欲，皆能如是乎？欲仁，欲也；欲利，亦欲也。使徒欲遂其欲，而不以義理為閑，將人皆縱其欲而滔滔不返，不幾於率獸而食人乎？欲本兼善、惡言。宋儒曷嘗謂欲有惡而無善，特理、欲對言，則理為善而欲為惡。故《樂記》言天理人欲，《易》言懲忿窒欲，《論語》言克伐怨欲，經典中此類甚多，東原概置之，而但援欲立欲達以為說。不知《說文》欲訓貪欲，《論語‧憲問章》馬注同。貪之為義，惡多而善少。東原精研訓詁，豈獨不明乎此。古書凡言欲者皆有善有惡，程朱《語錄》亦然。

其教人遏欲存理，特恐欲之易縱，故專舉惡者。烏可以辭害意？惠定宇為漢學大宗，東原等羣相應和。惠氏經學雖深，未免寡識；其言龐雜無緒，未得漢儒家法。《九經古義》摭拾前人棄置不用之說。其所推衍，亦罕精要，與臧氏庸《拜經日記》略同。《史通·補注篇》謂劉昭注《漢書》，如人有吐果之核，棄藥之滓，愚者重加捃拾，潔以登薦。惠、臧之書，殆亦類此。然而惠、臧尚無惡於朱子。國初諸儒宗朱子而得其精意者，在上則李文貞，在下則陸桴亭，皆非佔畢與空疏可比。桴亭學問淹貫，於宋儒中兼取東萊、永嘉之長；《思辨》一錄，言經濟者甚多，而不為迂遠難行之論。天文、輿地、律呂、禮樂、河漕、兵制、農田、水利，無不究心，而一歸於儒術；蓋朱子為學之方，本自如此。天算、音韻、律呂之學，桴亭雖不及文貞之深，而操履純懿尤過之。陸清獻論學之正，律己之嚴，致用之純實，固不待言；至研窮義理，剖毫析芒，則諸儒皆不能逮。其學專宗程朱，卽濂溪、明道亦不甚取；蓋有鑒於明末心學流弊，故辨別至嚴。此乃其時為之，後人不得以是為疑也。張楊園宗旨純正，踐履甚粹；《經正》《備忘》諸錄，多自得之言。集中與何商隱、屠子高、沈德孚諸書，議論皆透闢，惟精博稍不逮二陸。顧亭林敦尚風節，與孫夏峯同；論學頗重事功，略與永嘉相近。生平史學深於經學，而剛介之節，得諸孟子者尤多。其書沾溉藝林，為功甚大；但持論間有粗疏、偏激處，讀者亦不可不知。後來漢學家重其書，但取其能考訂耳；此則葉公之好龍，鄭人之買櫝。特是校讎之學，則漢學家闡揚亭林之考訂，若於此獨有偏勝。其最精者，若高郵王氏父子之於經，嘉定錢氏兄弟之於史，皆陵跨前人。竹汀史學絕精，卽偶有疏誤，視王西莊輩固遠勝之，第此為讀史之始事；史之大端，不盡於此也。王文肅、文簡之治經亦然，其精審無匹，視盧召弓輩亦遠勝之。子者，經之緒餘；周秦諸子文字訓詁，又多與經相出入。故王氏並冶之，其訂《國策》《史》《漢》，亦用此例；顧往往據類書以改本書，則通人之病。若《北堂書鈔》《太平御覽》之類，世無善本，又其書初非為經訓而作，事出衆手，其來歷已不可恃；而以改數千年來漢唐諸儒斷斷考訂之本，不已傎乎？然王氏猶必據有數證而後敢改，尚不失愼重之意。若其徒則求異前人，單文孤證，務為穿鑿以改本文。不知古人同述一事，同引一書，字句多有異同；非如今之校勘家，一字不敢竄易也。今人動以此律彼，專輒改訂，使古書皆失眞面目；此甚陋習，不可從。凡本義可通者，即有他書顯證，亦不得輕改。大抵為此學者，於己甚勞，而為人則甚忠；竭畢生之精力，皆以供後人之取攜，為惠大矣。故此學終古不廢，亦不可不從事其間；第以此為登峯造極之事，遽欲以傲宋儒，則所見甚陋。漢學家訶佛罵祖，不但離文與行而二之，直欲離經與道而二之，斯其所以為蔽。朱氏《答問》，數年數過；其學漢、宋兼權，六通四闢，閎通精實，兼而有之。卓犖為桀，以漢學治宋學，以宋學通漢學，足與陳氏此記相發；通方而不為拘虛，蔚成風氣，以結遂清儒林之局。而近見梁任公為《清代學術概論》，乃置之不論不議之列，多見其不知類也。故以卒於篇。

編後記

　　錢基博（1887~1957），江蘇無錫人，我國近現代著名國學家、教育家；辛亥革命时期曾一度投筆从戎，后汲汲于教育事业，言传身教，诲人不倦。其一生學貫四部、著述等身，代表作如《中國文學史》《現代中國文學史》《版本通義》《古籍舉要》《周易解題及其讀法》《四書解題及其讀法》等。錢鍾書先生舉賢不避亲，赞乃父曰："先君遺著有獨絕處。"

　　《古籍舉要》由上海世界書局于1933年首次出版。1930年夏，錢先生指導其從子鍾漢研讀清人陳澧之《東塾讀書記》。其間，每有與陳氏之言說相感發、相出入者，錢先生輒申而論之，並隨記成冊。不惟如此，錢先生復因循之，名其課子弟讀書之室爲"後東塾"，而擬此書曰"後東塾讀書記"，以與陳《記》之互爲經緯，並行不廢。然未竟其義者，何以在付梓之際終衍爲今名。

　　以"古籍"言之，涵涉廣雜；即撮舉其要，亦見經史之四部。而錢先生之此書，惟经、子之二端且尤重于經。復觀"舉要"，當謂"舉其要者"，即於百家各派，標舉其卓犖，顯見其殊絕，以利於孺子後學，乘一總萬。而錢先生之此書，重在正名辨物，抉六經之微旨；以經詁經，考漢學、宋學之通變；旁涉眾家，權清學今文、古文之得失。故質以言之，名之曰"古籍舉要"者，實不若錢先生原擬之"後東塾讀書記"更爲妥貼爾。

對此，僅只從二書之目次的編排上便不難看出：《東塾讀書記》卷分十五，《古籍舉要》例之以十七；所不同者，惟後書析《春秋》爲上下，且單出《西漢》爲一卷耳。至於其漢學与宋學並重、鄭學与朱子同列之云云，更無庸復贅，正自與陳氏之書相頡頏、相呼應者也。

　　本次整理，以上海世界書局之初版为底本。其間，改豎排爲橫排，對部分標點進行了調整；其引文之個別字句與今通行本有異者，以"編者註"的方式出校；極個別明顯誤字，如"已"誤爲"巳"者，則径改。另外，本書的各卷之下均有若干細目，書中的段落即依此劃分，一一相對應，故雖有三頁五頁而連爲一段者，仍一襲其舊。當然，限于編者之水平，錯漏之處定難免，望讀者方家海涵並不吝賜教。

徐　浩
2015 年 12 月

《民國文存》第一輯書目

紅樓夢附集十二種	徐復初
萬國博覽會遊記	屠坤華
國學必讀（上）	錢基博
國學必讀（下）	錢基博
中國寓言與神話	胡懷琛
文選學	駱鴻凱
中國書史	查猛濟、陳彬龢
林紓筆記及選評兩種	林紓
程伊川年譜	姚名達
左宗棠家書	許嘯天句讀，胡雲翼校閱
積微居文錄	楊樹達
中國文字與書法	陳彬龢
中國六大文豪	謝無量
中國學術大綱	蔡尚思
中國僧伽之詩生活	張長弓
中國近三百年哲學史	蔣維喬
段硯齋雜文	沈兼士
清代學者整理舊學之總成績	梁啟超
墨子綜釋	支偉成
讀淮南子	盧錫烶

國外考察記兩種	傅芸子、程硯秋
古文筆法百篇	胡懷琛
中國文學史	劉大白
紅樓夢研究兩種	李辰冬、壽鵬飛
閒話上海	馬健行
老學蛻語	范褘
中國文學史	林傳甲
墨子間詁箋	張純一
中國國文法	吳瀛
《四書》《周易》解題及其讀法	錢基博
老莊研究兩種	陳柱、顧實
清初五大師集（卷一）·黃梨洲集	許嘯天整理
清初五大師集（卷二）·顧亭林集	許嘯天整理
清初五大師集（卷三）·王船山集	許嘯天整理
清初五大師集（卷四）·朱舜水集	許嘯天整理
清初五大師集（卷五）·顏習齋集	許嘯天整理
文學論	[日]夏目漱石著，張我軍譯
經學史論	[日]本田成之著，江俠庵譯
經史子集要畧（上）	羅止園
經史子集要畧（下）	羅止園
古代詩詞研究三種	胡樸安、賀楊靈、徐珂
古代文學研究三種	張西堂、羅常培、呂思勉
巴拿馬太平洋萬國博覽會要覽	李宣龔
國史通略	張震南
先秦經濟思想史二種	甘乃光、熊夢
三國晉初史略	王鍾麒
清史講義（上）	汪榮寶、許國英

清史講義（下）	汪榮寶、許國英
清史要略	陳懷
中國近百年史要	陳懷
中國近百年史	孟世傑
中國近世史	魏野疇
中國歷代黨爭史	王桐齡
古書源流（上）	李繼煌
古書源流（下）	李繼煌
史學叢書	呂思勉
中華幣制史（上）	張家驤
中華幣制史（下）	張家驤
中國貨幣史研究二種	徐滄水、章宗元
歷代屯田考（上）	張君約
歷代屯田考（下）	張君約
東方研究史	莫東寅
西洋教育思想史（上）	蔣徑三
西洋教育思想史（下）	蔣徑三
人生哲學	杜亞泉
佛學綱要	蔣維喬
國學問答	黃筱蘭、張景博
社會學綱要	馮品蘭
韓非子研究	王世琯
中國哲學史綱要	舒新城
中國古代政治哲學批判	李麥麥
教育心理學	朱兆萃
陸王哲學探微	胡哲敷
認識論入門	羅鴻詔

儒哲學案合編	曹恭翊
荀子哲學綱要	劉子靜
中國戲劇概評	培良
中國哲學史（上）	趙蘭坪
中國哲學史（中）	趙蘭坪
中國哲學史（下）	趙蘭坪
嘉靖御倭江浙主客軍考	黎光明
《佛游天竺記》考釋	岑仲勉
法蘭西大革命史	常乃悳
德國史兩種	道森、常乃悳
中國最近三十年史	陳功甫
中國外交失敗史（1840~1928）	徐國楨
最近中國三十年外交史	劉彥
日俄戰爭史	呂思勉、郭斌佳、陳功甫
老子概論	許嘯天
被侵害之中國	劉彥
日本侵華史兩種	曹伯韓、汪馥泉
馮承鈞譯著兩種	伯希和、色伽蘭
金石目錄兩種	李根源、張江裁、許道令
晚清中俄外交兩例	常乃悳、威德、陳勛仲
美國獨立建國	商務印書館編譯所、宋桂煌
不平等條約的研究	張廷灝、高爾松
中外文化小史	常乃悳、梁冰弦
中外工業史兩種	陳家錕、林子英、劉秉麟
中國鐵道史（上）	謝彬
中國鐵道史（下）	謝彬
中國之儲蓄銀行史（上）	王志莘

中國之儲蓄銀行史（下）	王志莘
史學史三種	羅元鯤、呂思勉、何炳松
近世歐洲史（上）	何炳松
近世歐洲史（下）	何炳松
西洋教育史大綱（上）	姜琦
西洋教育史大綱（下）	姜琦
歐洲文藝雜談	張資平、華林
楊墨哲學	蔣維喬
新哲學的地理觀	錢今昔
德育原理	吳俊升
兒童心理學綱要（外一種）	艾華、高卓
哲學研究兩種	曾昭鐸、張銘鼎
洪深戲劇研究及創作兩種	洪深
社會學問題研究	鄭若谷、常乃惪
白石道人詞箋平（外一種）	陳柱、王光祈
成功之路：現代名人自述	徐悲鴻等
蘇青與張愛玲：文壇逸站	白鷗
文壇印象記	黃人影
宋元戲劇研究兩種	趙景深
上海的日報與定期刊物	胡道靜
上海新聞事業之史話	胡道靜
人物品藻錄	鄭逸梅
賽金花故事三種	杜君謀、熊佛西、夏衍
湯若望傳（第一冊）	［德］魏特著，楊丙辰譯
湯若望傳（第二冊）	［德］魏特著，楊丙辰譯
摩尼教與景教流行中國考	馮承鈞
楚詞研究兩種	謝無量、陸侃如

古書今讀法（外一種）	胡懷琛、胡樸安、胡道靜
黃仲則詩與評傳	朱建新、章衣萍
中國文學批評論文集	葉楚傖
名人演講集	許嘯天
印度童話集	徐蔚南
日本文學	謝六逸
齊如山劇學研究兩種	齊如山
俾斯麥（上）	［德］盧特維喜著，伍光建譯
俾斯麥（中）	［德］盧特維喜著，伍光建譯
俾斯麥（下）	［德］盧特維喜著，伍光建譯
中國現代藝術史	李樸園
藝術論集	李樸園
西北旅行日記	郭步陶
新聞學撮要	戈公振
隋唐時代西域人華化考	何健民
中國近代戲曲史	鄭震
詩經學與詞學ABC	金公亮、胡雲翼
文字學與文體論ABC	胡樸安、顧蓋丞
目錄學	姚名達
唐宋散文選	葉楚傖
三國晉南北朝文選	葉楚傖
論德國民族性	［德］黎耳著，楊丙辰譯
梁任公語粹	許嘯天選輯
中國先哲人性論	江恆源
青年修養	曹伯韓
青年學習兩種	曹伯韓
青年教育兩種	陸費逵、舒新城

過度時代之思想與教育	蔣夢麟
我和教育	舒新城
社會與教育	陶孟和
國民立身訓	謝無量
讀書與寫作	李公樸
白話書信	高語罕
文章及其作法	高語罕
作文講話	章衣萍
實用修辭學	郭步陶
版本通義・古籍舉要	錢基博
中國戲劇概評	向培良
現代文學十二講	[日] 昇曙夢著，汪馥泉譯